# 教师的语言

## 与学生有效沟通的100个技巧

[美]珍妮 · 爱德华兹（Jenny Edwards）◎著
吴景辉　刘菊霞◎译

電子工業出版社
Publishing House of Electronics Industry
北京 • BEIJING

版权贸易合同登记号　图字：01-2024-4210

图书在版编目（CIP）数据
教师的语言 ： 与学生有效沟通的 100 个技巧 / （美） 珍妮·爱德华兹 (Jenny Edwards) 著 ； 吴景辉， 刘菊霞译. -- 北京 ： 电子工业出版社， 2025. 8. -- ISBN 978-7-121-50517-1
Ⅰ. G42
中国国家版本馆 CIP 数据核字第 2025W31J35 号

责任编辑：刘琳琳
印　　刷：三河市华成印务有限公司
装　　订：三河市华成印务有限公司
出版发行：电子工业出版社
北京市海淀区万寿路173信箱　　邮编：100036
开　　本：720×1000　1/16　　印张：12.5　　字数：176千字
版　　次：2025年8月第1版
印　　次：2025年8月第1次印刷
定　　价：65.00元
凡所购买电子工业出版社图书有缺损问题，请向购买书店调换。若书店售缺，请与本社发行部联系，联系及邮购电话：（010）88254888，88258888。
质量投诉请发邮件至zlts@phei.com.cn，盗版侵权举报请发邮件至dbqq@phei.com.cn。
本书咨询联系方式：（010）88254199，sjb@phei.com.cn。

# 译者简介

## 吴景辉

教育思想践行者 | 沟通艺术布道者

乐智派科技创始人 | 和合咨询高级合伙人

著有《业务领导者的人才管理》，译有《奥兹的智慧》《在组织中高效学习》《卓越领导之旅》《提升影响力》等领导力经典。

三年大学讲台耕耘，深谙教育现场；28岁掌舵2000人企业，践行“领导者的讲台在职场”；

过往著译作与《教师的语言》共享同一内核：精准发问、积极反馈、信任构建、潜能激发；

为宁德时代、百度、中国电信、农夫山泉、OPPO等数百家组织讲授“业务领导者的人才管理课”，以教练式语言唤醒个体成长。

当高管用发问启发团队思考，当教师用反馈点亮学生眼眸——我们便在见证语言重塑心灵的神圣时刻。译此书，愿与天下师者共铸此力。

联系电话：17368705558（微信同号）

## 刘菊霞

心智成长架构师 | 教育服务深耕者

乐智派科技联合创始人 | 前学大教育南京公司总经理

佳木斯大学英语专业毕业 | 二十年教育服务管理实战经验

从服务一线到城市领航，教育服务全链深耕，从教学服务管理晋升至南京公司总经理，重构课程交付、师资培训、家校共育全体系；将精准沟通融入心智课程，践行“反馈构建自尊” 的核心法则。协调万千家庭教育诉求，深谙亲子沟通痛点；培训超百人教师团队，以积极语言激发教育者的能量场。

在家长焦虑与孩子心房间解码，在教师成长与学生绽放中传灯——教育者的语言，终要化作战胜迷茫的星图。

联系电话：18061456788（微信同号）

## 乐智派科技

以语言启智，以心智成未来

专注5–16岁儿童及青少年心智成长

我们深信：语言是思维的镜像，沟通是成长的桥梁。

自2008年创立以来，我们秉持“从依赖走向独立，从独立走向互赖”的教育理念，致力于通过托管教练、素质成长训练、研学实践、家庭环境支持等多元方式，点燃孩子的内驱力。我们倡导教育者（教师、教练、家长）运用精准、积极、启发式的语言，助力孩子：

- 塑造独立自主、积极主动的心智模式；
- 养成目标导向、要事第一的高效习惯；
- 建立基于清晰思维与有效沟通的自信与互赖。

乐智派科技全体同仁践行教练式沟通精髓，善用发问引导思考，精炼语言传递信念，积极反馈激发潜能，让孩子在乐于学习、智慧学习中自成一派。

十余年深耕，乐智派科技已成为众多幼儿园、中小学生、家长及教育工作者启迪心智、精进沟通艺术的信赖伙伴。

谨以此书献给所有渴望用话语点亮思维、用沟通滋养心灵的教师及教育同行者。乐智派教育与您同行，共筑高效能成长之路。

联系电话：17749512686（微信同号）

# 校长推荐

教书育人在很大程度上是一门沟通的艺术，而沟通最重要的工具是语言。打开这本书，你可以看到许多优美、实用并可资借鉴的教师语言艺术技巧。

肖信斌

中小学教育教学畅销书作者、武汉大学附属学校原校长

教师的效能取决于你通过语言和文字与他人交流的能力。语言的本质是思维的压缩包，我们总在追逐“高效学习法”，却忘了真正的学习需要关注的是那颗“解码”的心。用心学习，不是被动接收，而是主动开启接收状态，调频对齐；用心倾听，放下预设，尝试理解对方编码的“密钥”，感知言语背后的意图与情感；用心感受，让知识穿透语言的外壳，与内在体验连接。当学习进入这种全神贯注、物我两忘的“心流”状态，解码的障碍被打破，信息的河流得以在心田中自然流淌、生长。这才是超越语言信号、触及智慧内核的真正的学习。

柳州开放大学校长

杜伟军

教育最美的风景，是师生之间真诚的对话。这本书就像一位智者，手把手教你如何用语言搭建通往学生心灵的桥梁，让每一次交流都成为成长的契机。

胡柳

湖北省商贸学院副校长

教师的一句话可以成就一个孩子，也可以伤害一个心灵。这本书像一面镜子，让我们重新审视自己的语言习惯，学会用更专业、更温暖的方式与学生对话。

张敏

曾担任校级正职领导27年，教育自媒体“乐爸生活家”主理人

当我们讨论教学方法时，往往忽略了最基础也是最重要的语言艺术。这本书填补了这个空白，让教师的每一句话都能成为推动学生成长的动力。

马为民

湖北省武汉市洪山高中校长

2022年义务教育“双新”的实施，让我在课堂中十分关注教师的语言，讲授同一内容，使用不同的语言会带来不同的效果。《教师的语言》中提出的教师与学生有效沟通的100个技巧，可以有效改善教师的语言表达与交流，增加师生之间的情感传递，形成良好的师生关系。

肖萍

贵州省务川仡佬族苗族自治县第四小学校长

语言是思维的外壳，教师的语言水平就是他的思维水平，这本书用教语言的方式练思维，用启迪思维的方式练语言，让教师们在不知不觉中，得到由内而外的提升和成长。

王宏斌

山西省运城市明远小学校长

从“教书”到“育人”，语言的转变是关键。这本书用鲜活的案例告诉我们，改变说话的方式，就能改变教育的质量，更能改变学生的未来。

赵洪燕

山东省淄博市周村区新建路小学校长

在这个信息爆炸的时代，教师的语言更需要温度和力量。这本书教会我们如何把简单的对话变成滋养心灵的养分，让每个孩子都能在话语中找到自信和勇气。

任玉萍

山西省运城市盐湖区涑水联合双语学校校长

本书聚焦语言技巧的研究和使用，告诉教育工作者要学会表达对学生的关心和支持，给予学生在成长过程中积极向上的正能量，帮助学生向着优秀出发，是一本值得每个教育工作者阅读的专业书！

丁丹

云南省红河哈尼族彝族自治州个旧市宝华小学校长

这是一本会“说话”的书，它用最平实的语言讲述最深刻的教育哲理。读着，读着，你会发现自己说话的方式正在悄然改变，课堂氛围也随之焕然一新。

凌建红

山西省运城市盐湖区魏风教育集团总校长，魏风小学书记、校长

# 中文版推荐序

特级教师，正高级教师　钱守旺

教育，本质上是师生之间关于生命成长的深度对话。四十余载的教育实践让我愈发坚信：教师的语言不仅是知识的载体，更是塑造学生精神世界的无形力量。当我坐在书房里细细品读《教师的语言：与学生有效沟通的100个技巧》这部著作时，那些课堂里闪耀的教育智慧——用语言点燃思维火花的瞬间，借对话唤醒成长潜能的时刻——再次鲜活地浮现眼前。这本书既系统构建了教师语言的艺术体系，更深刻揭示了教育最本真的规律：真正的教育，就蕴藏在师生每一次真诚的言语互动之中。

教师不仅是知识的传递者，更是情绪劳动者。这个特殊职业要求我们在理性传授知识的同时，必须敏锐感知并回应学生的情绪需求。从清晨迎接学生时的微笑问候，到化解冲突时的共情疏导；从课堂上的积极反馈，到面对特殊学生时的耐心包容——教师的每一句话语都承载着双重使命：既要完成教学目标，又要关注学生的情绪情感和心理健康。优秀教师的语言艺术，本质上是对情绪劳动的专业化运用。

教师语言具有独特的双重价值维度：它既是传递知识的桥梁，更是滋养心灵的甘露。卓越的教师语言能够搭建认知发展的阶梯，在知识传授中激发思辨的火花；它更能构筑情感联结的纽带，在平等交流中培育健全的人格。这种语言艺术与我们小学教研部倡导的“宜学课堂”（宜学、宜教、宜评、宜用、宜创）和我本人倡导的“动感课堂”（手动、口动、脑动、心动、情动）理念高度契合——三者都指向教育的终极目标：关注人的生命成长。

在教育改革持续深化的当下，本书对教师语言的探讨具有特殊的时代意义。随着教育理念的革新与教学方式的转型，教师的角色正经历着从“知识传授者”到“学习引导者”的本质转变。这种转变首先体现在语言范式的转换上：从单向的知识灌输转向双向的思想对话，从权威的价值评判转向平等的情感交流。书中蕴含的真知灼见，为教师应对这一角色转型提供了极具价值的实践指南。特别值得注意的是，这种角色转型对教师的情绪劳动提出了更高要求——教师需要在知识传递与情感支持之间找到精准平衡。

尤为可贵的是，本书并未止步于技巧层面的传授，而是将教师语言提升至教育哲学的高度进行审视。它提醒我们：教师的每一句话语都在潜移默化中传递价值导向，塑造学生的自我认知。这种对语言教育价值的深刻洞察，展现了作者对教育本质的透彻理解。而情绪劳动的核心，恰恰在于通过语言和非语言方式传递积极的情感价值，这正是本书倡导的“有温度的语言”的深层内涵。

在信息技术和人工智能日新月异的今天，师生互动模式正经历着前所未有的变革。本书为教师在现代课堂与虚拟空间中构建有温度的师生关系提供了重要启示。它昭示我们：无论技术如何演进，教育的本质始终是心与心的真诚对话。在虚拟教学环境中，教师更需要通过精心设计的语言来弥补非面对面交流的情感缺失，这对情绪劳动的能力提出了新的挑战。

作为教育工作者，我们应当清醒认识到：教师的语言能力并非与生俱来的天赋，而是需要通过持续学习与深度反思不断精进的专业素养。这种专业素养既包括语言表达技巧的提升，更包含情绪管理能力的修炼。本书的独特价值在于：它既引导我们思考教师语言的教育哲学意义，又为语言艺术的实践提升指明了具体路径。

最后，谨以陶行知先生“千教万教教人求真，千学万学学做真人”的教育箴言与各位同仁共勉。期待这本著作能助力更多教师提升语言修养，让每一次教育对话都成为启迪智慧、润泽生命的艺术创造。

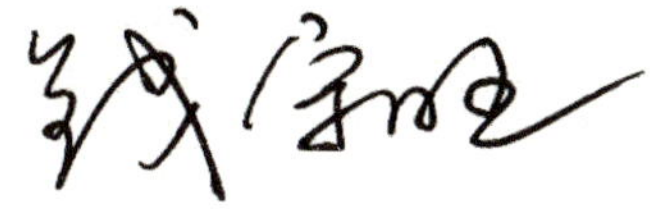

北京市数学特级教师，正高级教师，
全国优秀教师，北师大版小学数学教材分册主编，
现为北京市朝阳区教育科学研究院小学教研部主任

# 英文版推荐序

有无数的理由表明，本书是一本适合于任何年龄和任何水平的人学习的了不起的书籍。人，特别是孩子，最了不起的一项能力就是学习语言的能力。仅18个月大的孩子就已经可以区分“把这个给爸爸”和“把那个带给爷爷”。他们已学会解读听到的语言的语法，并采取相应的行动。

孩子们在成长时期听到的语言对他们未来的生活将产生巨大的影响。这些语言影响他们的自尊心、对他人的信任、思维能力、情感健康、自我效能感、积极或消极的态度，以及自主性。珍妮·爱德华兹的大量实用建议都是基于这一事实提出的。她指出，通过与反应迅速、相互尊重的成年人互动，孩子们能学会模仿并内化其中有价值的社会、身体、认知和道德行为。

孩子生成和表达的语言既是他们周边环境的产物，也是他们对从他人那里听到的和解读的语言的模仿。语言是人们对自己观点的反思，反映了他们的风格和信仰、对世界的看法，以及思维方式。语言的精进在提高一个人的批判性思维能力方面发挥着关键作用，这是有效行为的认知基础。

在与孩子的日常互动中使用的语言实际上可以改变他们的大脑，进而改变他们的行为，影响他们的自我认知和自尊，以及他们的信念和成功实现目标的意愿。读者将从本书中收获实用的、令人兴奋的、具有变革性的且易于实践的技巧，这些技巧将有助于与学生建立关系、互动教学、协助学生规划未来、回应学生的抗议、鼓励学习、影响学生并解决冲突。

丰富语言的复杂性和特定性也会使人产生有效的思考。以色列著名心理学家鲁文·费厄斯坦（2000年）表示："最有趣和激动人心的方面之一是，互动的质量不仅会改变一个人的行为结构，而且会改变他整体才能的数量和质量，还会以非常有意义的方式改变其大脑本身的结构和功能。"我们认为，本书中的内容可以增进教师的价值，从而使学生们受益，给他们丰富的滋养。

语言和思维是紧密交织在一起的，如同一枚硬币的两面，不可分割。模糊的语言是思维模糊的反映。高效能人士以书面和口头形式使用精确的语言、清晰的定义与概念，使用公认的名称，并运用通用标签和类比进行精准的沟通。他们努力避免过度概括、省略和歪曲，而是用解释、比较、量化和证据来支持他们的论述。

这让我们想到了本书中一些更为引人入胜的观点。那些希望培养学生积极的自尊心、鼓励学生批判性和创造性地思考、希望建立一个值得信赖的课堂环境、帮助学生享受学习并促进学生与他人和谐互动的教师，可以通过选择精练的语言、有意识和主动积极的反馈来实现这些结果。作者爱德华兹博士提供了许多实用而深刻、简单而强大、显而易见但又微妙的建议和技巧，帮助教师重新定义与他人日常互动中使用的语言。

在一本书中能找到如此丰富的实用知识和技巧，令人惊叹！同样令人诧异的是，我们之前并没有学过这些知识。为什么教师进修课程、员工培训师和学校领导没有给新任教师和在职教师示范和教授这些宝贵的知识？

我们诚挚地希望你在与他人互动时观察自己的语言。以积极的心态选择你的语言，关注这些语言对学生、家长、同事和家庭成员的影响，并观察他们对你新的话语模式的反应。结果必将让你感到惊讶！

亚瑟·L.科斯塔，教育博士，于加利福尼亚州花岗岩湾

罗伯特·J.杰米斯顿，教育博士，于加利福尼亚州埃尔多拉多山

# 前言

为了在任何情况下通过努力变得出类拔萃，我们都需要专注于更高的目标来实现我们的价值。是什么让你决定加入教师的行列？你想为哪些更高的目标服务？是什么促使你选择在这个年纪去教授学生？

有一点我们可以确定——你选择进入教育行业肯定不只是为了赚钱！你肯定有更高的目标。也许你从小时候第一次和朋友玩“上学”游戏时，就想教书了。也许你想为学生提供比你曾经历的更好的学习体验。也许你希望对下一代产生影响。也许你希望将自己的一些价值观传达给学生。也许你对自己所知道的知识（例如，专业学科知识、教学方法、教育心理学知识等）感到兴奋，想要与他人分享，以帮助他们培养与你相同的热爱与兴趣。

无论你决定进入教育领域的原因是什么，你都在致力于达到你的崇高目标。本书中的这些语言建议正是以这种态度提供的——帮助你在教育学生时更有力地实现你的崇高目标，无论你的学生是谁或多大年纪。我们没有人生来就会使用鼓励学生的语言。我们中有些人从父母和老师那里学到了富有成效的语言模式；也有些人则没有那么幸运。尽管我们的父母深爱我们，但我们可能在成长过程中听到了一些没有激励作用的词语和信息。

《教师的语言》是为所有与学生打交道的人而写的，包括教师、家长和培训师。在接下来的章节中，你会找到一些帮助你完成当前工作的建议——与学生建立积极的关系，帮助他们取得高水平的成果。虽然这些建议中的许多做法可能已经在你的工具箱中，但也有很多对你来说可能是全新的。你可以应用这些方法来增强与学生的融洽关系，鼓励他们朝着自己的目标努力，以实现他们自己的崇高目标。毕竟，我们最有力的工具就是与学生的关系，而这并不需要额外的物质投入。

在导论部分，你将了解到使用语言来创建启发式课堂的原理。你还会了解在学校里表达关怀的重要性，有效沟通技巧的示范，改变学生的认知、启发学生学习及本书的基础原则。

第一章专注于培养与学生进行启发式沟通的心态。我们的语言来源于我们的内心和思想。对学生怀有积极的想法使我们能够真正肯定和鼓励他们。在本章中，你将学习如何重视学生，对学生保持积极的态度和微笑，在与学生互动时发现关键问题，并专注于学生的积极目标。你还将学习与学生建立融洽关系的策略，以及根据沟通的目的使用不同的语音语调。其他内容包括帮助学生放松呼吸、管理课堂、探索隐喻，以及与学生的信念系统保持一致。

第二章包含了一些可以应用语言技巧的场景，包括给学生反馈，与家长互动，给学生、家长和同事写认可便条，拨打充满正能量的电话，制作充满正能量的标语，填写成绩通知单，设计教学大纲和使用科技工具教学。

在第三章中，你会找到将本书的语言技巧用于不同学生群体的建议。当然，在了解自己学生方面你是专业的。我们的建议涉及如何将这些技巧应用于有特殊需要的学生、多样化的学生、不同年龄段的学生，以及在线学习的学生。

第四章探讨了使用这些语言技巧的目的。它们可以用于与学生建立关系、促进教学、帮助学生规划未来、回应学生的异议、鼓励学生、影响学生，以及解决冲突。

第五章是本书的核心部分。它包含了100个与学生沟通的技巧。每个技巧后都有简要的原理说明，并提供了针对不同年龄段的学生使用该技巧的示例。

本书的理念旨在让你和学生更加享受教与学的过程。当你培养与学生进行启发式沟通的心态，在各种场景中应用语言技巧，将这些语言技巧用于不同类型的学生，并有意识地为不同目的使用这些技巧时，你就能重新发现教学的乐趣。你甚至可以在与朋友和家人交谈时也使用这些语言技巧。

# 目录

36. 划重点 / 100
37. 着眼于未来 / 101
38. 使用表示“正在进行”状态的动词 / 102
39. 询问而非盘问 / 103
40. 指导 / 104
41. 多用“是……”这样的句式 / 105
42. 多用“这真的是……”这样的句式 / 105
43. 多说“你最清楚……” / 106
44. 在课堂上制造欢笑 / 107
45. 将学习与学生的生活联系起来 / 108
46. 让学生设想他们的行为导致的长期后果 / 109
47. 礼貌用语 / 110
48. 假设他们能靠自己做到 / 111
49. 为糟糕的情况赋予新的意义 / 112
50. 用隐喻描述学生面临的情况 / 113
51. 认知世界的模型 / 114
52. 有意为事物重新命名 / 115
53. 学习小组 / 116
54. 告诉学生下一步的学习计划 / 117
55. 以“我不会告诉你”开头 / 118
56. 注意到学生做得好的地方 / 119
57. 用一句简单的话帮学生重新思考 / 120
58. 让学生明白自己对成功的感受最重要 / 120
59. 准确、有效地转述学生说的话 / 121

60. 用过去时态陈述学生的问题 / 124
61. 请学生分享自己是如何得出“感知”结论的 / 125
62. 将大任务分解成多个小任务 / 126
63. 指出学生的进步之处 / 128
64. 让学生站在不同的角度看问题 / 129
65. 用积极的词语与学生交流 / 130
66. 假设学生可以做到…… / 132
67. 用吸引学生提问的方式提问 / 132
68. 启发性问题 / 133
69. 用“改善”代替“改进” / 139
70. 重构学生的质疑 / 140
71. 帮学生识别他们可以获取的资源 / 142
72. 让学生复习、复习、再复习 / 143
73. “多说一点” / 143
74. 帮助学生自我评估 / 144
75. 善用“有人说……” / 145
76. 对学生的行为做具体评价，而非一概而论 / 146
77. “停下来……” / 148
78. 肯定学生的优势 / 148
79. 知道并记住每个学生的名字 / 150
80. 使用系统方法帮学生完成他们想要完成的事情 / 151
81. 使用肯定性的反问句 / 153
82. “那个”与“这个” / 153
83. 多使用“你越……，你就越……”句式 / 154

84. 给出消极反馈用“作业”，给出积极反馈用“你的作业” / 155
85. 让学生回想自己状态良好的时刻 / 156
86. 让学生分享他们的想法 / 157
87. 帮学生形成积极的自我认同 / 158
88. 用成功的经验激发学生对新事物的信心 / 158
89. 用“我们”代替“我”和“你” / 160
90. 等待时间长一点 / 161
91. “……是……” / 163
92. 什么、为什么和如何 / 163
93. “当……的时候” / 164
94. “今天会是…… ” / 165
95. “我想知道……” / 165
96. 改变想法的词语 / 166
97. “是的” / 167
98. “还不”“直到现在”“但不会太久” / 168
99. “你先我后” / 169
100. 蔡加尼克效应 / 170

6 附录A / 171

00

# 导论

2007年，全体儿童委员会（该委员会是同是ASCD召集成立的）强调了教育工作者需要关注儿童全面发展的重要性，而不是仅仅关注他们的学业成绩，以帮助所有孩子“发现他们的天赋，并充分发挥他们的潜力”，该委员会建议：

> 通过与敏感和自尊的成年人互动（无论他们在孩子的生活中扮演何种角色），孩子学会了模仿，进而内化其中有价值的社会、身体、认知和道德行为。当孩子相信身边的成年人关心他们是谁、他们知道什么，以及他们能做什么时，他们更有可能学习这些成年人所重视的价值观，并将这些价值观作为自己的价值观。

正如ASCD执行董事吉恩・R.卡特所问：“如果学生真的处于这套系统的中心，我们将能实现什么？”（全体儿童委员会，2007年）。

有很多故事讲述了那些在各种逆境中的学生之所以能取得成功，是因为教师或其他成年人相信他们，并以口头和非口头的方式表达了这种信任。同时，很多新闻中也讲述了各种成年人和儿童因为在成长过程中未得到肯定或善意对待而通过暴力表达愤怒的事件。

韦纳尔（1989年）对考艾岛的孩子进行了30年的研究。她发现，在各种不利条件下仍然取得成功的孩子在他们的家庭之外拥有“支持网络”——生活中有些人帮助他们获得“生活的意义感和对掌控自己命运的信念……从而培养了他们对未来充满希望的态度”。韦纳尔得出结论，“即使在不利的环境中，如果年幼的孩子在生活中遇到一些能为他们提供培养信任、自主和主动性发展所需的安全环境的人，那么孩子的能力、自信和善良也能蓬勃发展”。本书讲述语言技巧的一个主要目标是，帮助教育工作者学会表达对学生的关心和支持，从而使学生能够超越他们的梦想，取得成功。

负面语言在报纸、电视和对话中无处不在。看看日报的头版，你会看到以下词语：“急剧下跌”“崩溃”“几乎消失”“禁止”“破坏”“延误”“批评”“辩论”“严厉”“指责”“削弱”“衰落”“非法”“愤怒”“恶毒”“罢工”等。在媒体上，即使我们读到一个积极的陈述句，通常也会很快看到“但是”一词紧随其后，这往往会抵消前面的积极性（霍尔，2004年）。我们不断阅读到关于未来的负面性的文章，而文章的作者也不能确定，但他们想让我们知道，可能会发生可怕的后果，而我们似乎对此也无能为力。在如此消极情绪的氛围中，我们在与学生沟通、交谈时需要更加有意识地选择语言。我们要尽力创造一种充满温暖、关爱、鼓励和赋能的文化氛围，而不是一种充满恐惧的环境。

杰克逊（1968年）指出，“（小学）教师每天要进行多达1000次人际交流”。伯利纳（1984年）探究了教师每天要做出的众多决定，其中一种决定是“传达对学习成绩的期望”。他根据文献建议，“当教师向他们的学生清晰地传达他们的学习成绩目标时，这对学生的学习成绩产生的影响是巨大的”。我们可以通过仔细选择使用的词语来传达这些高期望。

## 表达对学生的关注

以下这首诗表达了本书的重点：

## 一种表达关怀的语言

我们用语言交谈，

但语言不仅仅是表达出来的，

更是经过选择的；

我们使用语言，

但语言不仅仅是词语，

更是理解世界的独特方式；

我们教给他人一种理解世界的方式，

但他们不仅仅是接收者，

也向我们展示他们的生活和希望。

（引自柏奇和诺瓦克的著作，1996年，经许可使用）

柏拉图曾说：“要善良，因为你遇到的每个人都在经历一场艰难的战斗。”想想这句话该如何用于激发你课堂上的学生。无论是孩子、青少年还是成年人，他们都在打这场仗。我们与学生的互动方式可能会影响这场战斗的结果。拉姆贝斯（1980年）发现，中学生的成绩与教师的关心、尊重，以及其他人际关系因素有关。

在20世纪80年代中期，当我为吉姆·费伊和福斯特·克林讲授题为“用爱与逻辑进行纪律教育”的研讨课时，其中一张幻灯片上引用了西奥多·罗斯福的一句名言："没有人在乎你知道多少，除非他们知道你有多在乎他们。"这句话深深地打动了我，我一直铭记于心。的确，作为教师，我们的学生不关心我们知道多少，除非他们知道我们有多么关心他们。

多年前，一位朋友的儿子刚开始上一年级。我问他："你喜欢上学吗？"他的眼睛睁得大大的，脸上露出灿烂的笑容。他兴奋地说："我的老师真的很喜欢我！"这些年来，我一直在思考他的那句回答，想象着他那欣喜若狂的样子。作为一名教育工作者，我怎样才能向我的所有学生传达我真的喜欢他们？拉德森-比林斯（1994年）进行了一项研究，调查了在教育非裔美国学生方面颇有成效的教师的做法。在一间教室里，她问学生：

"你们喜欢这个班级的什么？"

"老师！"他们异口同声地回答。

"你们喜欢老师什么？"她追问道。

"她听我们说话！"

"她尊重我们！"

"她让我们发表意见！"

"她在与我们交谈时看着我们的眼睛！"

"她对我们微笑！"

"她在走廊或食堂看到我们时会与我们打招呼！"

拉德森–比林斯研究中的另一位老师总结了我们应该如何对待学生，她说她对待学生就像对待自己的孩子一样。

## 示范有效沟通技巧

当我们与学生交谈时，学生会吸收并随后模仿我们的语言。这些语言甚至可能会影响到家庭内部的交流方式，因为学生会在家里使用我们教给他们的语言！肖特及其同事（1999年）发现，学生会模仿老师使用的语言。通过研究，他们意识到了老师在课堂中示范他们希望学生使用的互动方式和语言的重要性。

在20世纪90年代中期，我管理了一个价值百万美元的资助项目，教师们在此项目中接受了迈克尔·格林德（2005年）的非语言课堂管理技术培训。教师们学习了31种可以与学生互动的非语言策略。他们首先接受了迈克尔的指导，然后由学校内的已经接受过"绿色椅子教练"（非语言教育系统）培训的同事继续进行辅导。在我参观的一间教室里，一名学生在午餐时间后负责课堂管理，正当孩子们从操场回来时，我看到那名学生完美地使用了这些非语言策略，我不禁笑了出来。显然，她是在模仿老师的行为。

## 改变学生的认知

本书中的语言技巧的另一个目标是，帮助学生以不同的方式看待事物。任何特定的情境都可以在多种不同的背景下加以诠释，而每种背景可能会引发截然不同的感受。例如，当我去丹佛理发时，通常需要将车停在离理发店相当远的地方。我可以选择如何看待从停车场到理发店的这段长距离步行：我既可以抱怨并感到愤怒，也可以感激这个额外的锻炼机会。毕竟，去健身房我还需要缴纳会员费才能使用跑步机！

一位朋友最近分享了一个故事，她五岁的儿子也已经学会以不同的方式看待事情。有一天，她回家后感到筋疲力尽，躺在沙发上，说："我觉得很累，很难过，也很沮丧。"她的儿子立刻反驳道："妈妈，你也可以用很多其他方式来看待这个情况！"

当你使用本书中的语言技巧时，可能会为学生开启他们尚未发现的新选择。当我们感到"被困住"时，我们无法感知到任何选择的存在。而当我们意识到自己有多个选项，并且可以在它们之间做出选择时，会获得一种新的掌控感和能量。

## 启发学生学习

本书的终极目标是，帮助教育工作者向学生传递启发式信息，让他们意识到自己有能力并且胜任学习。根据普基和诺瓦克（1996年）的说法：

启发式信息旨在告知接收者，他们是有能力的、有价值的、负责任的；他们有机会参与自己的发展，并且被真诚地邀请来利用这些机会。

相反，非启发式信息告诉接收者，他们是无能的、没有价值的、不负责任的，并且他们不能参与任何有意义的活动。启发式信息是建立合作互动的努力；非启发式信息则是一种控制性或消极的互动。

每一天，当我们影响学生的生活时，也在影响自己的生活。

拉德森–比林斯（1994年）探讨了她研究的一位教师玛格利特·罗西的理念。根据拉德森–比林斯的说法，“罗西明白，她的未来与学生的未来密不可分。她认为，学生成功了，自己才算成功”。根据罗西的说法：

孩子是未来。如果他们没有安全的未来，我就不可能有安全的未来。在我退休后，三个年轻人要养活我一个老年人。所以他们必须有能力担任高技能的职位。

我们在当下也会收获回报。麦库姆斯和惠斯勒（1997年）观察到，“以学生为中心的实践也可以使教育工作者的生活更令人满意。这种实践不需要耗费大量的精力来设计新的方法让学生参与课堂，或让他们对学习感兴趣”。

本书强调以下7个原则：

1. 在每次谈话时都要有意识地选择让学生感到充满力量的词语，从而帮助他们在所做的事情上取得成功。
2. 积极地表达我们的观点。
3. 使用表达进行时的动词来帮助学生在脑海中形成画面，帮助学生将学习和生活变成一个持续的过程。
4. 有意识地使用包含众多积极假设的短语——向学生传达他们能力很强，无论是现在还是将来，他们都会在很多方面取得成功。
5. 帮助学生回顾过去、展望未来，因为他们已经在计划做的所有事情上取得了巨大的成功。

6. 帮助学生意识到，当他们对自己的能力产生负面想法时，他们的想法只是一时的感受，而他们的能力会发生变化。
7. 让学生知道，在任何情况下，他们都可以完全选择自己的感受和反应方式。

附录A的表格是一个简便指南，它将第五章中的启发式语言技巧与最合适的情境进行了结合。你可以使用此表格来帮助你在任何情况下确定最合适的语言用法。

# 01

# 第一章

# 培养启发式沟通的心智

你相信什么？关于学生、学习、课堂、你的教师角色及你想实现的目标，你真正相信的是什么？关于学生与学习，你的假设是什么？你认为学生总体上是负责任的、有价值的、有能力的吗？你会认为教育学生是一个合作、协作的过程，你的学生还有尚未开发的潜力吗？你相信你所有的学生都善于并乐于学习吗？布尔基和诺瓦克（1996年）指出，启发式教育工作者“致力于发展关爱行动，创造有利于成长的环境，坚持以人为本，开发有吸引力的课程，推进平等互动程序”。他们建议启发式教育要遵循以下5个原则：

1. 人是有能力的、能创造价值的，并愿意承担责任的，因此应当被平等对待。
2. 教育应当是一项协作、合作的活动。
2. 教育的过程就是我们要提供的产品。
4. 人在所有值得人类努力的领域都拥有尚未开发的潜力。
5. 这些潜力挖掘的最优方法是，通过专门设计的旨在促进启发式教育的场所、策略、课程和互动程序来实现，需要教育工作者基于专业性和个性化进行设计。

霍尔库姆·麦考伊（2000年）在谈到与来自不同文化背景的学生相处的时候对上述观点做出了回应。她提出的前4个先决条件适用于所有教师。她建议精通多元文化的教师应当：

1. 对学生有能力成长和发挥自己的潜力充满信心，对学生所沉浸的两种文化背景给予响应性、支持性和发展性的干预。
2. 观察他们的个性态度和人际交往风格，以及这些特质如何影响他们与来自不同文化背景的学生的交往。

3. 理解社会政治因素对来自不同文化背景的学生行为的影响。
4. 熟悉少数族裔学生特色带来的世界观的差异及对教育过程的影响。

想象一下，你眼中的学生都是颓废的、问题重重的，给他们上课毫无乐趣（霍尔，2004年）。在这种心态下开展教育工作，师生间的互动会是一个什么样的景象？学生将如何回应你？如果你每天抱着这样的心态工作，又会如何？

现在，让我们转换一下心态再想象一下，我们眼中的学生都是才华横溢的、天赋异禀的、充满潜力的，给他们上课充满乐趣。在这种心态下开展教育工作，师生间的互动质量会有什么不同？学生们将如何回应你？你每天抱着这样的心态去上课，会是什么感觉？通过相信学生是才华横溢的，我们将有幸与他们建立关系，无论这种关系多么短暂，这都将是一种充满力量的关系，能够为你与学生间的启发式交流奠定基础。

教师需要相信他们的学生是有能力完成任务，创造价值的，并能为此承担起责任（普基，2000年）。根据沃特科沃斯基（1984年）的说法，教师可以用来激励学生的策略之一是，主动帮助他们培养对老师、课程和学习环境及自我的积极心态。教师也可以帮助学生激发其对成功的渴望。

作为一名教师，你的信仰是什么？你相信自己有能力影响你所教学生的人生吗？你相信对此你能有所作为吗？你相信自己有能力帮助学生成为他们想要成为的人吗？还是你认为你对学生的教导没有什么影响力，媒体、学生的家庭背景，他们的朋友和其他负面影响对他们的影响比你大得多？

普基（2000年）研究了教师教授的内容和学生认知之间的关系。他发现，教师在教学互动中使用的语言，包括他们对自己、学生、学科和教学的感受，都会对他们与学生的互动产生深刻的影响。而这些互动反过来又对学生的认知产生深刻的影响。

对于学习，你的信念是什么？你认为学习是有趣的和乐在其中的，还是枯燥的、困难的和乏味的（霍尔，2004年）？你是否相信学习是一个平等互惠的过程，也就是你教给学生的东西和你从学生那里学习到的一样多。你会认为每天来到学校，在自然、愉快的学习过程中与学生一起成长是一种荣幸吗？

想象一下，你抱着学习枯燥乏味和教学困难重重的心态与学生互动，感觉如何？在这种心态的影响下，你的学生将如何与你互动？你的教学质量和他们的学习质量会如何？

现在，让我们转换一下心态，再想象一下，你认为学习是一个自然而然的过程，充满了新的发现，既愉快又有趣！你感觉怎么样？在这种心态的影响下，你的学生将如何与你互动？你的教学质量和他们的学习质量会如何？

保持积极正面的思想，

因为你的思想会变成你的语言。

保持积极正面的语言，

因为你的语言会变成你的行为。

保持积极正面的行为，

因为你的行为会变成你的习惯。

保持积极正面的习惯，

因为你的习惯会变成你的价值观。

保持积极正面的价值观，

因为你的价值观会变成你的命运。

——马哈特玛·甘地

本章主要内容是如何培养与学生进行启发式交流的心态，包括重视学生、对学生保持积极想法、微笑的重要性、自我对话、寻找积极意图、探索隐喻、建立融洽关系、使用语调、调整呼吸、管理课堂及实事求是。

## 欣赏学生

学生需要知道我们欣赏他们。通过向学生传递我们的价值观，可以帮助他们欣赏自我，感受到力量和被接纳。由于我们告诉了他们，他们有多重要，他们将会相信自己真的很重要。我们与他们之间同时会建立起强有力的信任关系。

向学生传递价值的方式之一是着装得体。我搬到一所新学校时，我的同事们试图说服我穿蓝色牛仔裤和T恤去学校上课，于是我和校长确认了一下。他也肯定了着装得体对向学生传递价值观的作用。其他对学生表达尊重的语言如下：

- “你们真的很特别，今年能成为你们的老师，我感到很幸运。”
- “你们真的是一个特别的班级！跟随你们的进步，看到你们为世界各地的许多人所做的所有令人兴奋的和有力量的事情将会非常有趣！”
- “谢谢你们！能有机会当你们的老师，我感到非常高兴和荣幸！”

## 对学生保持积极想法

我们对学生的看法终将会从我们的嘴里说出来。当我们对学生持有积极的想法时，我们就能与他们进行积极的沟通。一旦我们对他们产生了消极的想法，这种消极想法终将出现在我们的语言中。

罗森塔尔和雅各布森（1992年）进行了一项研究，他们在研究中告诉一所学校的老师，根据他们做的测试，有20%的学生将在第二学年取得很好的学业成绩。事实上，这些学生是随机挑选出来的。果不其然，在第二学年结束时，这些学生的智商增长明显高于未被随机挑选的学生。研究人员称之为“皮格马利翁效应”——对学生持有积极想法的教师让他们的想法成真了！

在20世纪80年代，我学会了一种与人交谈时使用的方法。我用各种积极的想法围绕着他，就像把他划在一个圆圈里面。每当我说话的时候，我有意识地告诉自己，这是世界上最了不起的人。毕竟，那个人正在花时间和我交谈！

而消极的想法每天会浪费我们多少分钟？如果我们把一周、一个月、一年、五年、十年和一辈子的时间加起来，我们会对以这种方式浪费的时间之多感到震惊。霍尔［《个人沟通》（*Personal Communication*），2006年5月］提出了一种一旦我们发现自己正处于消极或无价值的思考中时可使用的策略。

这个策略非常简单。当你有消极的想法时，只需说：“谢谢！”试试看！吐出一些一直在你脑海里翻腾的消极的想法，这些想法一直在，无论是关于一件事、你自己、还是其他人。一旦有消极的想法在你的脑海中浮现，将这些消极想法吐出去。立刻说：“谢谢！”然后再吐一遍那些消极的想法，立刻说：“谢谢。”重复几次。你注意到了什么？消极想法消失了，不是吗？我们越是说“谢谢”，消极的想法就越远离我们。

参与拉德森-比林斯研究（1994年）的教师安·刘易斯被要求在班上带一个特别麻烦的孩子（拉里）。学校其他老师认为拉里随时可能闯祸，但刘易斯老师认为，拉里是“一块水晶”。刘易斯老师记得：

拉里强壮又帅气，同时也很脆弱。我必须为他建造一个安全可靠的港湾，让他知道我们——全班同学和我都会支持他。学校之前一直让他待在无人在意的角落。我则希望把他放在每个人都能看到的显眼的地方。

如果我们把所有的学生都放在每个人都能看到的显眼的地方，我们的世界会有什么不同？

## 微笑的重要性

你是否记得某一次某人的微笑给你带来巨大变化并改变你的心情的

经历？我第一次坐飞机是在13岁的时候，当时我感到很害怕，不知道会发生什么。我会一直安全吗？那时我碰巧看向飞机另一边的窗户。我看到了坐在那里的一位女士的眼睛，她对我笑了。我至今依然能想起她的笑容。不知为什么，她的微笑让我觉得一切都会好起来的。从那个时候起，我就喜欢上了坐飞机，至今还清晰记得她充满魅力的微笑！

现在，即使我们给学生上网课，我们也可以在视频里保持微笑。因为学生仍然可以通过声音感知到我们的微笑，并察觉到我们的温暖。我们说话时面带微笑，是在向他们传达“他们很重要”的信号。

此外，当我们打电话和父母聊天的时候，他们也可以从我们的声调中感知到我们的微笑。我们笑得越多，就越快乐，也会让周围的人们（包括我们的学生）越快乐！

## 自我对话

莱斯利·卡梅隆-班德勒（1993年）建议人们在日常生活中就某些特定问题进行自我对话。当我们在课堂上与学生互动时，可以选择一组问题进行自我对话；而在我们的个人生活中，我们可以选择另一组问题。甚至，在生活的任何情境中，我们都可以选择用同样的一个或一组问题进行自我对话。我们问自己的问题将强有力地影响我们同自己和学生说话时的语言。

当我在一次培训中学到这个概念后，我就准备在学区举办研讨会时应用这一方法。我思考了我的关键问题，并意识到我一生都在问自己：“人们会喜欢我吗？”通过头脑风暴，我思考了各种可供选择的关键问题，想知道哪些关键问题适合与我合作的教育工作者群体。当时，我刚刚完成了关于认知训练（爱德华兹，1993年）的论文。一个学区校长邀请我与他所在学区的教师合作，帮助设计一项研究，以调查他们使用认知训练计划的效果。我知道我有能力帮助他们通过研究结果继续获得认知训练计划的资金资助。我决定使用关键问题问自己："我怎样为他们提供服务，以帮助他们得到他们想要的东西？"

当我启动研讨会时，我就在脑海中与自己玩起了对话游戏。每当出现"他们会喜欢我吗？"这个问题时，我都会用"我怎样才能为他们提供服务，帮助他们得到他们想要的东西？"代替。我一整天都在保持着微笑玩这个心理游戏。

当这个学区校长的妻子送我去机场时，她对我说："你知道吗，查理称赞了你。"我问她，这是什么意思。她说："查理说，'你知道，珍妮就是想帮助我们！'"哇！如果使用我的关键问题进行自我对话在研讨会上得到了如此有力的回应，那么在我应用这个方法之前，人们与我互动时，他们经历了什么？

当我们只能用"是"或"否"来回答的问题进行自我对话时，我们会陷入消极的状态。

以下是这类问题的一些示例。

- "我会成功吗？"
- "我能学会做这个吗？"
- "人们会喜欢我吗？"
- "我还好吗？"

- “我够聪明吗？”

而通过运用开放式问题进行自我对话，可以获得更多积极的答案，让我们的工作更有成效。

- “今天我该如何帮助我的学生学习？”
- “我能以什么方式为今天遇到的每个人服务？”
- “我怎么才能让今天遇到的人感觉比第一次见到我时更好呢？”
- “今天我如何让学生的学习变得有趣？”
- “我怎样才能帮助教室里的每个学生，让他今天感到很成功？”

我们还可以与学生分享关键问题的理念，让他们意识到该如何进行自我对话。成功理解这一理念的学生可能会提出以下关键问题。

- “我今天怎么能做得更好呢？”
- “我怎样才能学到今天可能学到的所有东西？”
- “今天我能做些什么来交到更多的朋友？”
- “我怎样才能让今天成为美好的一天？”
- “我怎样才能完成今天要做的所有事情？”
- “我今天能做些什么来更接近我的目标？”

## 寻找积极意图

人们的行为背后通常有积极的意图（安德烈·亚斯和福克纳，1994年）。通过对学生可能具有的积极意图感到好奇，我们可以使用友善和鼓舞人心的语言和他们进行友好的互动。例如，拖延背后的积极意图可能是什么呢？有可能学生的首要任务是照顾生病的母亲或生病的弟弟妹妹；有可能是他们不知道如何做作业，但不想打扰老师；也有可能是他们担心自己做得不够好。

如果一个学生打了另一个学生，尽管这不应该发生，但我们依然可以寻找他打人行为背后的积极意图。打人的学生可能会有什么样积极的意图呢？被打的学生可能伤害了打人的学生的自尊心，或侮辱了他的亲人；打人的学生可能看到他的母亲在前一天晚上被打，并简单粗暴地模仿了打人行为；打人的学生也可能是在向老师寻求帮助。弗里克和霍夫曼（2006年）建议，在惩罚学生或对不当行为采取特定的管理策略之前，老师应该评估其行为背后的多种可能原因，然后以学生的最大利益为出发点采取行动。

韦尔曼（1995年）曾经告诉我，他从不直接评判接受他培训的学员的行为，直到他充分思考，为他们的行为找到至少20个原因。他会寻找学员行为背后的积极意图。他在我们的一个学区为100多名教师提供认知辅导培训课程的过程中发现，当他正在发言时，教室后面的学员正在窃窃私语。在我看来这是不礼貌的。他朝那些学员的方向做了个手势，但是他们并没有停止交谈。韦尔曼不想让他们难堪，但担心他们的谈话可能会干扰其他学员的学习，于是他停止讲解，并要求所有学员与身旁学员一对一交流刚刚学习的内容，这样他就可以走过去弄清楚后面发生了什么事。原来事实真相是，一名怀孕9个月的妇女不想错过那天的训练，她正在经历宫缩。她没有去医院待产，而是选择来参加培训，因为她觉得这次培训机会很难得，真的不想错过。她同桌的学员正在为她的宫缩计时，以便开车及时将她送到医院生孩子。正如上述例子所示，先假设学员行为的背后有积极的意图，基于此与他们对话，表达关心和担忧，然后寻找他们行为背后的积极意图，这才是比较明智的做法。

即使学生的行为没有像我们希望的那样，我们也可以补充他们行为背后的积极意图。例如，如果你很难让学生经过一段假期之后仍聚精会神地在课堂上听讲，你可以说：“看起来每个人都对这些新的内容感到非常兴奋”，或者“看起来你真的很喜欢和同学们聊天”。如果一个学生没有交作业，你可以说，“你的生活真的很充实，有很多事情要做”。如果学生在课间休息，你喊他时他不能马上来，你可以说，“很高兴看到你喜欢锻炼，喜欢和朋友在一起玩耍”。通过重视学生的积极意图，我们表达了对他们的重视。

## 探索隐喻

所有人在生活和学习中都会使用隐喻，无论他们是否意识到。

### ☑ 生活的隐喻

根据福克纳（1991年）的说法，我们每个人对生活都有不同的隐喻。我们所认同的隐喻也影响着我们对自己和学生使用的语言。福克纳在录像课程中提到了一些个人使用的隐喻：

- 生活是一座花园。如果这个人是女人，你可能会在她的衣服上、房子里或花园里看到花朵。
- 生活是一场竞赛。这个人可能会风风火火地做事，快节奏地度过一生。
- 生活是一种创造。这个人可能会专注于创造和改变事物。
- 生活是一架旋转木马。这个人可能会认为生活是愉快和有趣的。

莱考夫和约翰逊（1980年）也研究了生活的隐喻，包括以下内容：

- 生活是一个容器。这个人可能会说：“我过着充实的生活……充分利用生活。”
- 生活是一场赌博。这个人可能会说：“我会碰碰运气……如果我出对了牌，我就能得到想要的。”

其他人可以使用不同的隐喻来描述生活：

- 生活是一场策略游戏。为了成功，一个人必须仔细考虑下一步行动。这个人可能会在采取行动之前制定策略，直到确定行动是正确的才开始行动。
- 生活是一场有输赢的游戏。一个人只有通过战胜和制服对手才能赢得人生。当与他人交往时，这个人可能会强调竞争。
- 生活是一场愉快的游戏。一个人带着乐趣和期待的精神从一个游戏玩到下一个游戏。这个人可能很顽皮，乐于和别人开玩笑。
- 生活是一场冒险。每一次新体验都有可能令人非常兴奋。这个人可能会带着兴奋和冒险的感觉生活。
- 生活是一段旅程。一个人从一次体验来到下一次体验。这个人的兴趣可能会经常从一件事转移到另一件事上。
- 生活是一场战争。一个要想获胜，就必须战胜对手。这个人可能想不惜一切代价去赢。

你对生活有什么隐喻？我的隐喻曾经是“生活是一场竞赛”，所以我四处奔波。当我改变我对竞赛隐喻的想法，将自己从获胜者定义为缓慢的、能享受每一刻的人时，我的生活品质以及我与他人的互动质量就有了大幅提升。根据福克纳（1991年）的说法，一个人很难完全改变他的隐喻。他建议像我一样，在隐喻中使用不同的框架。

理解我们自己的隐喻有助于我们理解学生的隐喻。年轻的学生可能没有完全形成隐喻；然而，我们可以观察到他们父母的隐喻。当你考虑对学生使用启发性语言时，你如何“调整”你对生活的隐喻，使你能够真正以关心和尊重的方式和学生进行交流？

## ☑ 学习的隐喻

学习意味着什么？当你回想你受到的教育，无论是正式的还是非正式的，你学到了什么？以下是一些教学和学习的隐喻：

- 学习是一座长满可爱花朵的花园。我们可以从中挑选一些来为生活增光添彩。
- 学习是一场竞赛。只要能先到达终点，就能赢得比赛。
- 学习是一场策略游戏。我们可以制定策略来决定要学什么。
- 学习是一场竞争性游戏。我们要么赢，要么输。
- 学习是一场令人愉快的游戏。我们可以玩得很开心。
- 学习是一种冒险。我们可以寻求激动人心的体验。
- 学习是一段旅程。我们每天都能发现很多东西。
- 学习就是一场战争。我们必须胜过其他的学生。
- 学习是一个自然的享受过程。我们人生中的每一天都在许多不同的环境中学习。

你对学习有什么隐喻？这些隐喻对你的学生有什么影响？有什么方法可以改变隐喻，以帮助你的学生？你的学生对学习有什么隐喻？你如何让他们参与到隐喻的讨论中，以及通过隐喻影响他们的学习？

## 建立融洽关系

许多作者都写过关于建立融洽关系重要性的文章（安德烈·亚斯和福克纳，1994年；科斯塔和杰米斯顿，2002年；拉博尔德，1987年；理查德逊，1987年）。蒙哥马利（2007年）研究了镜像神经元在人们交流时发挥的作用。她发现，当人们进行社交时，镜像神经元系统就会被激活。她还发现，向他人展示的同理心水平越高，镜像神经元系统的活动就越多。

融洽关系的要素包括“姿势、手势、语调、语言和呼吸”（科斯塔和杰米斯顿，2007年）。为了加深我们与某人的融洽关系，我们可以适当模仿他（拉博尔德，1987年）。M.格林德（2008年）建议，我们可以100%地模仿另一个人的声音，75%地模仿另一个人的面部表情，50%地模仿另一个人的动作，50%~100%地模仿另一个人的手势。当我们模仿其他人时，我们正在寻求与他们“同步”——我们当然不希望他们认为我们在模仿他们——并帮助引导他们进入更沉浸的交流状态。下面将讨论融洽关系的要素。

### ☑姿势

当两个人关系良好时，他们的姿势往往相似（科斯塔和杰米斯顿，2007年）。他们可能以同样的方式站立，他们可能都盘腿坐着，或者互相靠着。在无意识的层面上，不知何故，那个被模仿的人会想：“对方和我一样。”当人们感到舒适时，他们大脑中的化学物质会发生变化，他们会更放松。因此，他们能够将所有精力投入思考中，并与他人建立联系。为了促进与学生的融洽关系，我们可以以和学生类似的方式坐着或站着，故意“镜像”学生的姿势。格林德（2007年）建议，谈话时，让自己身体的位置与对方保持90度角，而不是面对对方。

### ☑手势

促进与学生的融洽关系的另一种方法是，在某种程度上镜像他们的手势（科斯塔和杰米斯顿，2007年）。我们也可以重新解读他们的手势。例如，如果学生正在敲铅笔，你可以用同样的节奏用你的一只脚点地。如果一个学生正在用脚点地，你可以按照同样的节奏点一点你的头。

真实镜像对方的手势很重要。如果学生说“这是我的妈妈”，并用手势表示她在右边，当你转述和提及学生的妈妈时，你需要表示她在你的左边，也就是学生的右边。这样做，你就镜像了学生的手势，好像你是一面镜子一样。

### ☑语调

我们还可以通过使用与学生相同的语调来加深与学生的融洽关系（科斯塔和杰米斯顿，2007年）。如果他们说话声音柔和，我们就同样用柔和的声音说话；如果他们说话的声音很大，我们可以先用更大的声音说话，然后降低我们的声音，引导他们使用更柔和的声音。我们也可以使用与他们相同的音调变化，这将使他们感到与我们交流更自在。

### ☑语言

我们可以使用与学生相同的词语来加深与他们的融洽关系（科斯塔

和杰米斯顿，2007年）。如果一个学生说："这太可怕了！"你可以用同样的语气向他重复："确实，这太可怕了！"假如学生习惯性地使用某些词，你也可以使用。

班德勒和格林德（1979年）发现，人们会使用与视觉、听觉、动觉、嗅觉和味觉相关的词汇，其中前三个是最常见的。这些被称为表征系统。亚普克（1980年）发现当人们听到与他们的主要表征系统相对应的用词时最放松；当人们听到其排序第二的表征系统中的用词时，会稍微放松；当听到其排序第三的表征系统中的用词时，他们最不放松。根据艾斯贝尔（1983年）的说法，当心理咨询师将他们使用的表征系统用词与来访者使用的词相匹配时，来访者会认为咨询师此时比使用其他用词方法时更温暖、威胁性更小。哈默（1983年）发现，追踪并配合对方语言的某些方面，可以让对方感受到你更有同理心。与那些在采访中使用其他不同类型的词汇来回应的采访者相比，那些在采访中使用与学生类似的词汇来回应的采访者在同理心方面的得分更高。

除使用学生常用的词汇外，还要倾听他们使用的视觉、听觉和触觉词汇。

### ☑ 视觉词汇

许多学生用视觉词汇来描述他们的经历：

- "听了解释，我现在看得很清楚了。"
- "我想直观地看到您希望我们做什么。"
- "我想了解一下项目的最终情况是什么样子。"
- "我希望能够专注于我需要做的事情。"

- “现在，您告诉我们的内容有点儿模糊。”

重复他们使用的词汇：

- “所以你想清楚自己要做什么。”
- “你想清楚地了解项目完成后的样子。”

### ☑ 听觉词汇

一些学生会使用听觉词汇来描述他们的经历。我们会听到他们说“这听起来很耳熟”或“我想听听它的声音”。其他听觉词汇的例子包括：

- “我一听就懂了。”
- “我一直告诉自己我会做到的。”
- “让我用语言告诉你，以确保我能正确理解。”
- “这对我来说真的刺耳。”
- “我正在尽力听你在说什么。”

你可以用听觉词汇回应：

- “所以你想听一听，以便确认你是否知道它。”
- “所以你想告诉自己你能做到。”

### ☑ 触觉词汇

也有些学生在描述自己的经历时使用触觉词汇：

- “我想牢牢抓住这项任务。”
- “我有一种身体直觉，这将会很困难。”

- “我肩负着世界的重担。”
- “我感觉自己知道这一点。”
- “这项任务真的让我感到充满干劲儿。”
- “我对做这个项目感到有点儿紧张。”
- “我真的需要掌控正在做的事情。”

你可以用触觉词汇回应：

- “所以你想把任务掌控在自己手中。”
- “所以当你知道这一点时，你的身体会有某种感觉。”

### ☑ 呼吸

我们在篝火晚会等场合一起唱歌时，都体验到了社团的感觉。当人们一起唱歌时，他们在一起呼吸。因此，他们一起唱歌的时间越长，关系就越深。

我们可以通过与学生同时进行呼吸来加深与学生的融洽关系（科斯塔和杰米斯顿，2007年）。当他们说话的时候，注意他们什么时候停下来呼吸。他们吸气时，我们也吸气；他们呼气时，我们也呼气。观察他们的肩膀上下起伏的情况，当他们的肩膀向上时，与他们一起吸气，当他们肩膀向下时，与他们一起呼气。

## 使用语调

语言技巧可以吸引学生向我们靠近并鼓励他们，也可以驱使学生远离我们并打击他们。这完全取决于我们的语调。

格林德（2007年）提出人们会使用两种类型的语调，它们就像连续介质的两端一样。友好型语调被称为平易近人的声音。他认为，语调只是一个生理问题。当人们使用平易近人的语调时，他们的脑袋会上下动，手掌朝上。我们可以从幼儿园老师身上看到这一点，他们可能会用一种平易近人的语调说："欢迎孩子们，我们将度过美好的一天！"总的来说，女性往往比男性更常使用平易近人的语调。

连续介质的另一端是值得信任的语调（格林德，2007年）。当人们用这种语调说话时，他们的头会保持静止。当他们的发言结束时，头会往下垂，手掌心也会朝下。我们都遇到过这样的情形，那些用平易近人的语调向团队提出的建议，往往在很大程度上会被忽视。但是，当有人用一种非常可信的语调说："我认为我们应该这样做。"他的语调很重，在最后一个词上降低语调，那么每个人都会回应："我们会这样做的。"而之前用平易近人的语调说过同样话的人会想："我刚刚说了同样的话，为什么大家不回应我？"

请尝试使用这两种语调说话。你也可以把它们组合起来，以平易近人的语调说出一些词语或句子，以可信的语调说出另一些词语或句子。当我们提出问题，想要获取信息时，最好用一种平易近人的语调。想象一下，一位老师用可信的语调问："你的问题是什么？"在问题结束时，声音洪亮，降低语调。当老师这样提问时，大多数学生都不会回答。现在想象一下，老师的手掌向上，用一种平易近人的语调问："你的问题是什么？"这样提问的老师收到的回应将比第一位老师收到的回应多得多。

## 调整呼吸

我们对学生使用有吸引力的语言的目标之一是，让他们保持深呼吸，这样氧气就会进入他们的大脑，他们就能学得会（格林德，2007年）。我们希望在与他们交流时，他们的腹部在有节奏地起伏。当我们让他们处于放松状态，让他们感到安全，体内的血液能够流到大脑皮层，这样他们就可以开动脑筋。如果他们感到不安全，思绪就会在“爬行脑”中运转。在这种状态下，他们的血液会流到胳膊和腿上，这样他们要么选择与我们战斗，要么选择逃避（“要么战斗，要么逃避”综合征）。

为了帮助学生呼吸，我们必须确保自己也在呼吸。他们倾向于模仿我们所做的事情。格林德（1995年）强调了教育工作者坚持体育锻炼的重要性，这样他们才能在课堂上呼吸良好。我们摄入的氧气越多，我们的学生在无意识地模仿我们时，摄入的氧气就越多。

在20世纪90年代初，我暂时离开了教学岗位，去了一家学习型公司。我的工作是为大公司设计培训项目。入职没多久，我就接手了一个重大项目，时间紧迫。我觉得要赶上时间进度非常困难，当时我坐在电脑前时已经无法呼吸，但紧迫的压力并没有帮助我提高写作的流畅性。

当我坐在那里强忍着泪水时，我的一位新同事走过来向我打招呼。看到我痛苦的表情，他问我怎么了，我告诉了他。他说：“哦，这很容易！编啊！”“编？”我回应道。他说：“是啊！编故事！”我突然大笑起来。他的目的是让我笑，这能使氧气进入我的大脑，让我能保持呼吸和思考，使我能够按时写作和完成项目！

我们越能帮助学生深呼吸，他们就越能学到更多。我的一个朋友经常教一二年级的学生，每当她感觉到学生需要停下来放松时，就带他们出去慢跑。当他们回到教室时，已经做好了再次投入学习的准备。另一个朋友则喜欢给她的学生讲笑话，让他们笑出来并保持良好的呼吸。幽默是一种让学生保持良好呼吸的非常有效的方法。

## 管理课堂

为了专注于与学生进行启发式对话，我们需要有一个功能良好的教室，让学生知道他们该怎么做（汤普森，2007年）。很多书都是为了帮助教师管理学生的行为而写的。《课堂管理手册》（艾沃特森和温斯坦，2006年）提供了关于建立一个稳健运行的课堂的信息。根据《儿童行为指导手册》（弗利克和霍夫曼，2006年），教师应该从多个不同角度分析学生的不当行为，然后采取系统的方法来处理学生的问题。教师可以确定行为不端的多种原因，并制定与学生合作的可能方法，以帮助学生取得成功。《有尊严的纪律》（克文和门德勒，2008年）建议教师采取积极主动的方法与学生合作，让所有学生都感受到被重视和被尊重。《有效的课堂管理》（马尔扎诺，2003年）提供了许多基于研究的课堂管理策略。

推荐书单：《你的个人课堂管理指南》（格林德，2005年）提供了31种管理学生课堂行为的非语言策略。格林德谈到了一堂课的4个阶段：吸引学生的注意力、教学、过渡到课堂作业和课堂作业。他建议教师在每个阶段使用非语言方法。《健康课堂》（格林德，2000年）概述了创建一个有凝聚力的课堂的策略。此外，《魅力：人际关系的艺术》

（格林德，2009年）讨论了与猫型性格和狗型性格的两类学生合作的策略。我们需要以不同的方式对待他们。课堂管理技术的其他资源包括：《用爱和逻辑教学：掌控课堂》（费伊和芬克，1995年）和《难以捉摸的显而易见：非语言交流的科学》（格林德，2007年）。

你需要去发现那些有助于管理课堂的策略，这样你才能更专注于帮助学生学习。

## 实事求是

有没有人说过关于你的让你觉得不准确的描述？你当时有什么冲动？当我们向学生发表言论时，我们需要确保内容足够接近学生的现实，使学生能够接受。费斯廷格（引自阿伦森，1997年）提出了“认知失调”的概念。他发现，当我们发表的言论与他人的认知相冲突时，他们往往会站出来证明我们错了，他们才是对的。

如果我们对那些不自信的学生说：“你真的表现得很好。”他们可能需要做一些事情来证明自己真的表现不好，比如打另一个学生。如果我们在学生懒散或无所事事时说“你在努力工作”，他们可能会认为我们疯了，并认为他们有义务变得更加懒散，以证明他们是对的，我们是错的。

当我们使用语言技巧时，重要的是要考虑到每个学生的实际情况。然而，通过指出我们看到的积极行为，能够帮助学生从积极的角度看待自己。思考一下，你可以做些什么来鼓励你的学生呢？

02

# 第二章

# 应用语言技巧的场景

我们几乎在与学生和家长的每一次互动中都使用启发式语言。本章包括在各种情况下应用启发式语言技巧的建议：向学生提供反馈；与家长互动；给学生、家长和同事写鼓励性的便条；打鼓励性的电话；创造积极的氛围；填写成绩单；设计教学大纲；使用科学技术工具。

## 向学生提供反馈

我们不断向学生反馈他们的表现。学生在感到无力时还是在充满力量时学习效果更好？显而易见，当他们充满力量时学习更有效。我们可以用语言技巧来支持他们，提高他们的学习能力。在每次与学生互动之前，问问自己："我能说些什么来帮助这个学生感到更有力量？"当你给学生提供反馈时，使用"请做……"而不是"不要做……"的语言技巧会更有帮助。如果我们告诉学生希望他们做什么，他们会记住这一点。同样，如果我们告诉他们不希望他们做什么，他们也会记住这一点——但也可能会忘记我们说的"不要这样做"（霍尔，2004年）。

## 与家长互动

我们与家长有很多互动的机会，无论是在家长会上还是在日常生活中。这些语言技巧可以用于与家长的任何互动中。正如我们的目标是帮助学生感到充满力量一样，我们也可以把帮助家长感到充满力量作为一个目标。家长只要清楚老师喜欢他们的孩子，他们就会接受老师的任何反馈。你能用什么样的语言向家长传达你真的喜欢他们的孩子？你怎么能软化你所说的话，即使你提供的信息可能会让家长产生负面看法？你会如何说话，让家长更容易接收你的信息，并与你一起帮助他们的孩子取得成功？

## 给学生、家长和同事写鼓励性的便条

我们都喜欢获得别人的称赞和夸奖。我在科罗拉多州常青市的威尔莫特小学教二年级时，校长吉姆·费伊建议我们给学生、家长和同事写鼓励性便条。看到学生脸上露出的笑容，接到兴高采烈的家长打来的电话，看到同事脸上流露出的感激之情，我感到很欣慰！

人们给你写了哪些鼓励性便条，感谢你做了一些事情，并且指出了其中关于你带给他们的积极意义？我有一个文件夹，里面保存了我人生中收到的其他人花时间给我写的鼓励性便条。我们可以永远珍惜这些便条！

你能给学生写些什么来指出你关注到的他们身上的美好品质？以下陈述供你参考：

- “你今天真的很努力！”
- “谢谢你课间休息后准时回来！”
- “今天餐厅值班的人夸奖了你。她说你总是帮忙打扫桌子！”（人们喜欢听到间接的赞美）

你可以给家长写如下便条：

- “约翰今天学习很努力，完成了作业。”
- “萨莉今天在操场上玩耍的时候与其他同学友好相处与合作。”
- “比尔今天的考试得了100分。”
- “汤姆帮助了一个情绪低落的朋友。”

你也可以给同事写鼓励性便条。这仅仅会花你一分钟时间，却让你们建立起深厚的关系！给同事的便条可以包括以下内容：

- “感谢你今天在课间休息时帮助我完成了任务。”
- “你今天来食堂帮我真是太好了！”
- “今天我需要和家长见面，你能替我在校车上值班真是太好了！星期五下午去喝咖啡怎么样？我请客！”

## 打鼓励性的电话

向学生表明我们关心他们，并且与他们建立关系的另一个技巧是，给家长打鼓励性的电话。根据吉姆 · 费伊在我教师生涯早期给我的建议，我特意在每学年的前一两周给所有家长打电话，对他们的孩子说一些鼓励性的话。“嗨，我是珍妮 · 爱德华兹，× × 的老师。我只是想让你知道，在我的课堂上有 × × 这样一位学生，是一件令人高兴的事。我注意到 × × 真的很喜欢做艺术品（或其他什么）。”第二天，我对他们的兴奋之情感到惊讶，该学生来学校时对我说：“你昨晚打电话给我妈妈，告诉她你很高兴我能在你的课堂上学习！”

当你在开学的前几周给家长打电话时，不能指望打一次电话就能对学生的进步做出全面的报告，因为通话往往只有几分钟。在家长眼中，你超越了必要的职责范围，他们很感激有机会了解你，并且知道你喜欢他们的孩子。我还会强调，在这个学期至少会给每位家长再打一次电话，让他们了解自己孩子的情况。作为一名教师，你应该像一名销售人员，既代表你自己，也代表你所教的内容。你希望学生的家长告诉学生关于你鼓励他们的语言，这样他们就会敞开心扉，渴望学习。沃洛德科夫斯基和杰恩斯（1990年）强调了强有力的师生关系对激励学生学习的重要性。

当我被邀请去面试一份中学教师的工作时，校长助理问我如何处理与家长之间的问题。我说我没有与家长沟通方面的苦恼。一阵惊愕之后，他问我是怎么做到的。我说我在年初就会打电话给家长以建立融洽的关系。然后，我在学年中会根据需要与他们保持通话，至少确保每季度通话一次。他说，在中学阶段我很难做到这一点，因为我将负责150多名学生。我反馈说，给所有的家长打电话对我来说至关重要。我想表达的是，中学生和小学生一样需要被激励，因此我必须经常与他们的父母保持联系！尽管花费的时间很多，但是与家长的电话交流让我获得了巨大的回报。

## 创造积极的氛围

当我们进入一栋楼或一间房时，我们会立刻感受到周围的氛围是欢迎我们的还是不欢迎我们的。你可以为你的教室和学校创造积极的氛围。在学校入口处，我们通常会看到去办公室办理手续的指示标牌。哪种用词让你感到更受欢迎呢？

- “你必须到办公室报告。”

或者，

- “请到办公室来，这样我们就可以欢迎你。”

我最近参观了一所高中的图书馆。门上的标牌上写着：

- “如果你把饮料或食物带进图书馆，你会立即被叫到办公室。”

对比一下下面的这个标牌：

- “请在进入图书馆之前处理好食物和饮料，以便保持图书馆的整洁。”

你如何将启发性语言融入你创作的标语中？

## 填写成绩单

想想你在学校的时候，当你在成绩单上读到“××不做作业”时，你的感受是什么？你的大脑倾向于认为，这一条指的是××一直如此，包括过去、现在和未来。那为什么还要尝试改变呢？

以下句子将如何改变你的感受？“××在某些方面做得很好。但如果她能在××方面更努力，结果会更好。”“更”这个词意味着学生做得还不错，但完全可以做得更好。人们总是能够改进他们正在做的事情。事实上，即使是最有成就的艺术家也一直在做得很好的基础上寻求做得更好。“更”这个字意味着这个人的改进是建立在优势之上，而不是建立在缺点上。

当我教二年级的时候，教师评估后吉姆·费伊告诉我，我做得非常好。我知道我需要改进的教学领域在哪儿。不过，他只关注我做得好的地方。我一直在期待听到他的建设性反馈，但并未如愿。由于那次经历，我非常喜欢他，我立志成为最好的老师。

当人们告诉我们，我们做得很好时，会发生什么？当我们指出学生做得好的地方，会发生什么？

## 设计教学大纲

在编写教学大纲时，请牢记语言技巧。你希望教学大纲能吸引学生，让他们在阅读时感到振奋，你可以说，“请做……”或“你可能会发现以下资源很有用”。

## 使用新媒体技术

当你与学生一起使用新媒体技术时，你也可以使用这本书中的语言技巧。沃里克（2007年）为有兴趣在课堂上使用新媒体技术的教育工作者提供了指南。他的书包含入门级的步骤说明，以及教师可用的博客、维基、播客、在线留言板和其他新媒体技术的操作方法。克莱德和德洛赫里（2005年）还提供了一本关于使用新媒体技术简化我们已经在做的事情的有用的书。本节包括博客、公告板、聊天室、电子邮件、多用户虚拟环境、播客、PPT、短信和维基中可能用到的语言技巧。

### ☑ 博客

你可以建立博客，在互联网上与学生和其他人交流。沃里克（2007年）的书提供了在Blogger网站上开设博客的步骤说明。你可以鼓励学生在自己的博客上发表文章和洞察。根据沃里克的说法，教师和学生可以写下世界上正在发生的事情，他们在课堂上所做的事情背后的理由、课堂活动，以及其他领域的事项。你可以将语言技巧融入所有这些领域。

在谷歌上搜索教师博客时，会找到一些有用的网站。比如，在TeacherWeb网站上，教师可以为自己的课堂定制博客。门户网站21Classes也为学生博客提供了空间。在Blogs for Teachers和Gaggle上，教师可以为他们的学生创建博客。最后，在Teacher Lingo网站上，各年级教师都可以通过博客相互交流想法。

### ☑论坛（BBS）

根据沃里克（2007年）的说法，教育工作者可以在Nicenet网上设置论坛，以便学生参与讨论。你可以给每个学生发消息，回复他们在论坛上的帖子，所有人都会看到。一般来说，你也可以在论坛上给学生留言。你可以有意识地通过语言来选择你想要实现的目标。例如，在一个学年或学期开始时，学生可以在BBS上做自我介绍，你可以用鼓励性的话语回应每个学生的帖子。你还可以复述每个学生所说的话，并且提出问题供其进一步思考。你可以将学生的观点联系在一起（例如，“××也提到了这一点”），并且分享共同点（例如，“我也很感兴趣”）。

### ☑聊天室

你也可以在互联网聊天室中使用这本书中的语言技巧。你可以指导学生，复述他们所说的内容并提出问题。你也可以观察他们使用的视觉、听觉和动觉词汇，并且在你对他们的回应中使用类似的词汇（爱德华兹，艾里森，米切尔和蒂鲁，2003年）。你可以像面对面交谈一样使用所有的语言技巧。

### ☑电子邮件

你可以向班级成员发送电子邮件——群发邮件和个人邮件。这为你提供了更多的时间来有意识地对学生做出回应。例如，当一名学生在电子邮件中反馈一个问题时，你可以问自己：“我能说些什么来鼓励和激励这个学生？”你可以转述学生所说的话：“所以你因为这种情况而感到沮丧，你想要的是成功，你正在寻找实现这一目标的方法。”（这来自科斯塔和杰米斯顿2002年建议的“解决问题的对话”）然后，你可以问学生一个问题，比如，“在过去的其他情况下，你成功的策略是什么？”无论你写什么，你都可以有意识地选择你的目标——帮助学生感到更有力量，让学生知道你理解他们在说什么，激发学生的创造力，鼓励学生思考，帮助学生想象成功，等等。

### ☑ 多用户虚拟环境

你还可以在多用户虚拟环境中使用语言技巧。多用户虚拟环境是一种基于互联网的三维环境，在这种环境中，世界各地的教师和其他人使用虚拟形象（一种在线的三维角色），在与现实世界相似的环境中互动。在虚拟环境中，虚拟形象可以是人，也可以是动物或其他生物。林登实验室的“第二人生”是一款拥有受欢迎的多用户虚拟环境的网站，它使教师通过虚拟形象与世界各地的人在线交谈。越来越多的大学和企业在“第二人生”上开设了账号。其他一些包含多用户虚拟环境的网站包括There网和ActiveWorlds网。你还可以在大型多人在线角色扮演游戏中使用语言技巧，以游戏形式来实现目标。大型多人在线角色扮演游戏是人们在游戏环境中进行互动的幻想环境。与多用户虚拟环境一样，玩家使用虚拟角色来工作，加入团队完成任务，进行社交互动，并且提高他们的技能。“魔兽世界”“龙与地下城”和“无尽的任务”是众多大型多人在线角色扮演游戏中的三款。

### ☑ 播客课程录制

录制播客课程的目的是什么？我们想鼓励我们的学生，为他们提供信息，激发他们的思维，激励他们，还是分享我们的想法？沃里克

（2007年）建议将课程录制后放在播客上，让学生在上课前听。然后，我们可以利用上课时间来讨论学生已经学习的内容。

在播客中，你可以采访个别学生，将他们介绍给大家。你可以问什么问题来激发这些学生的最佳潜能，并且发掘他们的个人兴趣，使他们与其他学生建立联系？

你也可以使用播客每天向班上的学生发布公告。但是，你需要确定为他们发送每条消息的目的。你希望学生对你的信息有何感受？你想激励他们做什么？你想让他们有创造力吗？你想让他们得到授权？你想激发他们的热情？你想让他们产生好奇？你可以通过你讲述的故事及你自己在播客中的谈话来传达这些情绪。

沃里克（2007年）建议教师访问Education Podcast Network，看看其他教师创建的各种播客。播客可以通过连接到计算机的麦克风进行录制。沃里克还推荐了Audacity网站，该网站提供了一个编辑播客的免费程序。The Partners in Rhyme网提供了免费的音效和音乐。录制的播客课程可以上传到PodOmatic网站（www.podomatic.com）。

### ☑ PowerPoint演示文稿

您也可以将语言技巧编辑到你的PowerPoint演示文稿中。除向学生展示你想要交流的信息外，你还可以邀请他们参加各种活动来处理这些信息。你可以这样写：“请找到你的同桌，就PowerPoint演示文稿上的信息进行两分钟的站立对话。”你也可以补充一句：“在交谈时，请集思广益，找出以下问题可能的答案。”

## ☑短信

你可以向你的学生发送短信。你可以使用这本书中的语言技巧与他们交流。你甚至可以为你可能通过短信告诉他们的各种积极的事情开发自己的缩写代号。

## ☑维基

在维基空间网站上共同编辑维基内容或建立协作网站。在维基中，学生可以编辑彼此的作品。沃里克（2007年）为与学生一起使用维基提供了许多建议，例如，邀请学生团队一起参与项目，为课堂创建词典页面，让学生添加彼此的故事，以及合作开发文档。

互联网上有许多资源可供那些刚开始使用维基的人使用。在谷歌搜索“教师维基”，你会找到很多网站。The Teachers First网站的维基漫游提供了关于在课堂上使用维基的信息，包括维基的定义，在教学中使用它们的想法，以及开始使用的维基工具等主题。在教育中的维基网站，各级教师都可以联网，提出问题，并且分享在课堂上使用维基的想法。

# 03

# 第三章

# 面对不同类型学生使用的语言技巧策略

这本书中的语言技巧对所有年龄段的学生都适用。当然，你是最了解学生需要的人。本章为教师们面对有特殊需要的学生、多样化的学生群体、不同年龄段的学生及网络环境中的学生时提供了一些语言技巧的实施建议。

## 有特殊需要的学生

你会知道如何最有效地使用语言技巧与有特殊需要的学生交流。根据学生的需要，你可能需要简化语言。

詹姆斯（2008年）建议，有特殊需要的儿童会从循序渐进的简明指导中受益。对于年龄较小的孩子，她建议从一步式指导开始，比如，“请拿起铅笔”。当孩子能够遵循一步的指示时，你可以添加第二步，比如，“请拿起铅笔画一条直线”。然后，你可以一次给出三条指令。她还建议，对于小学生来说，我们应该在书面说明中强调或突出动词，例如，“减去两个数字”，打钩（√）表示“对”或打叉（×）表示“错”。对于初中和高中阶段有特殊需要的学生，詹姆斯建议在解释他们需要做什么时，站在他们身边。她还建议为学生撰写说明，以供他们参考。

史密斯和布赖恩特（2008年）发现了教师与有特殊需要的学生建立关系，给他们介绍课程、提供信息，以及允许学生实践他们所学知识的重要性。他们还建议，教师应该清楚地告诉学生规则和不遵守规则的后果，发出明确的信息，并且给学生简明的指导。我的一个同事的儿子有特殊需要，他对声音非常敏感。我的同事告诉我，在她儿子身边她必须时刻保持小心翼翼，确保总是发出愉快的声音，即使是在和其他孩子说话的时候。如果她不这样做，她儿子就很容易心烦意乱。

## 多样化的学生群体

拉德森-比林斯（1994年）发起的一项研究表明，教美国本土学生最有成效的教师习惯于“改变他们自己的语言模式、沟通风格和互动结构，以更接近学生自己的文化”。我们可以使用融洽的技巧来创造适合多样文化的学习环境，让所有的学生在我们的课堂上感到受欢迎和被包容。我们可以使用他们的语言，模仿他们的身体姿势和手势、他们使用的语调和词语，并且与他们保持同频呼吸（科斯塔和杰米斯顿，2007年）。

根据戴维斯（2007年）的说法，在课堂上建立班集体是必不可少的。她谈到当我们与家人和朋友在一起时，作为集体的一部分，我们会感到很放松。“集体是你感到被接纳和被爱的地方，也是你觉得你的意见很重要的地方。”她讲述了一个五年级教师的故事，这位教师没有把任何行为不端的学生叫到办公室，他这样做的目的是希望在开学前两周专注于建立班集体。

霍尔库姆·麦考伊（2000年）论述了意识到学生的文化如何影响他们的“思维方式、信仰体系、自我定义、决策、语言和非语言行为及时间取向”的重要性。此外，她认为重要的是要调整教师的非语言沟通，例如，教师与学生沟通时要保持一定的距离，以符合他们的文化习惯。根据戴维斯（2007年）的说法“当我们（教师）不理解不同学生的交流线索时，我们可能会（无意中）告诉他们，我们对他们不够关心，不愿意了解他们。

拉德森-比林斯（1994年）认为，关注文化习俗的教师强调每个学生个体的重要性，并且“有意识地尝试与所有学生建立共同点”。考虑到许多家庭从一所学校转到另一所学校的频率，这一点尤为重要。瑞姆和斯坦顿·萨拉查（2007年）鼓励教师努力去了解新生，即使他们可能不会在那所学校呆很长时间。玛格丽特·罗西在拉德森-比林斯研究中是和非裔美国学生沟通良好的教师之一，她邀请学生填写一份调查问卷，询问他们的兴趣、业余时间做什么、在学校最喜欢什么科目，以及其他好恶。然后，她会围绕他们的兴趣和优势制定她的年度教学计划。在这一年中，她与他们沟通交流，并且与他们建立了共同点。罗西还在学生生日那天在他们的桌子上放上一张生日贺卡，以示祝福。根据拉德森-比林斯的说法，“这种个性化的关怀促进了学生的自我意识——他们被老师视为‘真正的人’”。

巴斯金（2002年）论述了创建一个解决学生多样性课程的重要性。根据巴斯金的观点，“所有学生都需要看到自己在学校和教室的物理空间中的表现”。除了“书籍、海报、艺术等”，教师还需要真正了解学生的文化习俗。金斯伯格和沃洛德科夫斯基（2000年）论述了创造包容性环境的重要性，让所有学生都感到被欢迎。他们提出了“动机框架的四个要素”：

- 建立包容性。
- 培养积极的态度。
- 增强意义。
- 培养能力。

为了创造所有学生都感到被接纳的包容性教室，将多种文化习俗纳入讨论也很重要。许多研究者都论述了讲故事的重要性，并且纳入了众多关于代表不同文化的人贡献的信息和文献（例如，巴斯金，2002年；

金斯伯格，2004年；金斯伯格和沃洛德科夫斯基，2000年；拉德森-比林斯，1994年；沃洛德科夫斯基和金斯伯格，1995年）。此外，荣和布朗（2007年）建议鼓励在美国出生的黑人学生去了解那些移民过来的黑人学生。根据派克（2007年）的说法，所有学生都会从了解其他学生的背景中受益匪浅。

其他研究者（例如，李，2007年；马尔多纳多·托雷斯，2008年；周，2007年）论述了教师认识到多元化民族（包括来自许多不同国家）涵盖了不同价值观和传统文化的重要性。李分享了来自日本的学生和来自不富裕国家的亚洲学生之间的巨大差异。马尔多纳多·托雷斯发现，来自不同西班牙语国家的拉丁裔学生在学习方式上存在差异。因此，我们需要警惕从某个宽泛族裔群体推导所有学生共性的做法，而应去了解每一名学生。

戴维斯（2007年）强调了教师理解学生使用的沟通方式的重要性。她讨论了"黑人音乐中的呼叫和响应模式"，并且建议将这些模式纳入课堂的教学中。戴尔·皮特（1988年）认为，非裔美国儿童习惯于接受父母的直接命令，例如，"坐下"。当白人教师使用间接命令时，例如，"你愿意坐下来吗？"非裔美国学生可能会认为他们有权选择做什么，然后他们会选择不坐下。这导致人们认为他们不服从教师的指令，而实际上，学生正在做出他认为有效的选择。

根据戴维斯（2007年）的观点，美国本土学生在回答问题之前需要很长一段等待时间（罗，1986年），因为他们学会了"深思熟虑，在考虑所有选项后反应会慢一些"（戴维斯，2007年）。她还表示，合作学习比竞争更符合他们的文化。

根据戴尔嘎·盖坦（2007年）的观点，拉丁裔学生，尤其是拉丁裔女生，认为考上大学和获取成功是至关重要的。汤普森（2007年）对非裔美国学生也持同样的看法。戴维斯（2007年）和韦克斯曼，帕德龙和加西亚（2007年）建议，对拉丁裔学生使用合作学习而不是竞争学习方式，因为他们被教导要重视合作。

最重要的是，我们必须真正相信我们所有的学生都有能力学习，我们必须向他们传达这些高期待（派克，2007年）。我们可以帮助他们看到，他们将会攻读高等教育学位，并且“活到老，学到老”。我们可以和他们交流学习的好处，比如增加薪水，提高生活质量，等等，我们可以确保他们可以学到技能和思维方式，这将有助于他们取得进步（汤普森，2007年）。

## 不同年龄段的学生

语言技巧可用于学前班、小学、中学、高中、本科、硕士和博士阶段的学生。它们可以用在儿童身上，也可以用在成人身上。年龄小的学生可能需要比年龄大的学生更简单的指令和问题。然而，同样的指导方针适用于所有阶段的学生。第5章提供了不同年龄段的学生在不同背景下的示例语句。

## 网络环境中的学生

这些语言技巧可以在网络环境中使用，就像在线下面对面的环境中一样。奥莱尔（2002年）研究了在网络环境中进行学习和研究的硕士生。她发现学生与老师的关系对学生的进步和态度至关重要。学生看重被支持、想法被尊重和被关心的感觉。奥莱尔认为，教师对学生的回应方式影响了学生对获取老师支持和建立相互关系的看法。由于网络环境中的教师在教学过程中无法用非语言的方式与学生沟通，所以他们需要特别注意他们使用的词语，以鼓励那些经常独自上课的学生。通过积极、正面而不是消极、负面的陈述，教师可以帮助学生对自己的学习成果产生良好的感觉。老师不应该对学生说，“这篇论文需要修改，”和“这篇论文还可以，但是……”，而应该说，“这里有一些方法可以让论文变得更好。”

以下书籍包含有关创建文化响应式课堂的有用信息：

- 《如何教与你文化背景不同的学生：与文化相关的教学策略》，邦妮 · M. 戴维斯，2007年。
- 《建设文化响应式课堂：K6教师指南》，孔查 · 德尔加多–盖坦，2006年。
- 《文化响应式教学：理论、研究和实践》，日内瓦盖伊出版社，2000年。
- 《梦想守护者：成功的非裔美国儿童教师》，格洛丽 · 亚拉德森–比林斯，1994年。
- 《多样性和动机：文化响应式教学》，雷蒙德 · 沃洛德科夫斯基和玛杰里 · 金斯堡，1995年。

04

# 第四章

## 明确使用语言技巧的目的

这本书中的100个语言技巧可用于很多目的，包括与学生建立关系、促进教学、规划未来、回应异议、鼓励学生、影响学生、解决冲突。

## 与学生建立关系

霍华德和约翰逊（2000年）问学生和老师，成功的学生和那些没有获得成功的学生之间有什么区别。教师和学生都认为，教师提供支持和关怀极其重要。学生还谈到了教师有效教学的重要性，能使学生掌握实现成功所需的技能。

参与拉德森-比林斯（1994年）研究的教师之一佩吉·瓦伦丁说：“为了帮助学生培养内在动力，我利用了他们对我的强烈情感。”根据拉德森-比林斯的观点，“良好的教学始于建立的良好关系”。沃洛德科夫斯基（1986年）认为，当学生对老师持积极态度时，他们会更有动力去学习。

## 促进教学

当我们教学时，我们可以有意识地使用语言技巧来帮助学生更快地学习。根据福赛斯和其同事（1998年）的观点，“教师清晰而明确的语言能赋予学生力量，尤其是对那些陷入困境的学生”。当他们研究教师如何与学生互动时，他们发现，专家级教师清楚地向学生解释了老师希望他们做什么。他们制定了特定的学习目标，并清楚地传达给学生。他们向学生提供了反馈，帮助学生反思他们的所作所为。他们的结论是，

“清晰明确的教学过程不是偶然发生的，而是教师有意识地应用促进学习的一系列教学行动的结果”。

罗（1998年）发现，教师更专注于课堂教学内容的安排，而忽略了使用鼓励学生学习的语言。她还发现，老师通常不清楚如何通过他们的语言来影响学生和他们的学习。为了专注于她对学生所使用的语言，她设计了一个经常问自己的问题：“我怎样才能学会以不同的方式与学生交谈？课堂环境还需要哪些变化来支持我和学生的沟通交谈？”当你与学生互动时，你每天可以问自己哪些问题呢？

## 规划未来

我们都从个人经验中知道规划的重要性，特别是长期规划。能够展望未来并看到下周、下个月、明年、5年、10年及更长远未来的学生，与那些只能看到明天或未来两三天的学生相比，在规划和实现目标方面更成功。

关于学生如何看待时间或用好时间，人们已经做了大量研究。志向远大的学生对未来有明确的应用规划。根据斯托塔德和皮茨马（1999年）的观点，当学生专注于未来时，他们会更有动力，并且更努力地实现他们的目标。德·沃德和伦斯（1982年）发现，那些平均学习成绩好、学习习惯好的学生习惯认为，长远的未来目标很重要。他们还认为，与学习成绩差的学生相比，他们应该努力学习以实现这些目标和倾向于聚焦目标。在另一项研究中，布朗和琼斯（2004年）发现，“与之前调查的结果一致，对未来有长远目标的非裔美国学生也往往成绩更好”。他们还发现，强烈的未来导向是学术成就的重要弹性因素。这项研究与其他一些研究表明，强大的未来导向不仅与更高的学术动机有关，而且与高绩效相关。

## 回应异议

你是否曾经短暂意识到你没办法做某件事，或者某项任务对你来说太困难了？你可能会说，“我不能那样做”“我不想那样做”“我没有时间那样做”，也许你会说过一会儿就去做，然后实际上并没有去做。你甚至可能找借口解释为什么你不能这样做来维持你的自尊心。

当你有这些念头的时候，可以用什么样的策略来克服它们呢？是否有人对你说了什么话从而改变了你的念头？你是否通过自我对话，说服了自己可以完成这项任务？你是勇往直前，全力以赴完成任务？还是一走了之，甚至都没有尝试一下？

学生可能会不时地反对我们对他们的要求。他们可能会说，他们不能做我们希望他们做的事。他们可能会说，他们不想做一项任务。这个背后可能有积极的意图，也许是想维持他们的自尊心，也许是想利用这段时间做其他事情，或者是想保持尊严。在无意识的层面上，他们可能的信念是，他们更有权利通过不做我们要求他们做的事情来维护自己的尊严，而不用冒着做不好或者失败的风险。语言技巧提供了回应学生反对意见的策略，并找到了克服这些反对意见的方法。

## 鼓励学生

你有没有觉得你只是想要有人来鼓励你？你可能感到困惑，不知道去哪里寻求帮助。你可能只是想要有人注意到你，肯定你，并且告诉你你做得很好。我们所有人在生活中的某个时候都有过这种感觉。我们的学生也从你给予的鼓励性话语中获得这种感觉！当我们鼓励学生时，我们和他们之间就建立了联系，他们就渴望通过取得更多成就来取悦我们!

戈尔登和其同事（2005年）研究了那些高中辍学但取得了普通教育发展高中同等学力文凭的学生。这项研究的目的是探索学生辍学的原因。研究人员发现，除获得的例行评语外，学生还渴望老师关心他们并表达出关心。他们很高兴，在大学这个阶段，老师和学生处于更平等的基础上，他们更容易获得老师的关心与鼓励。

戈尔登和其同事报告说，学生“记住了老师的评语，这些评语被视为微妙的批评……通常，学生会对老师的一句评语印象深刻，是因为这句评语给他们的生活带来了改变”。戈尔登建议教师应该关注学生的家庭生活，并且关注他们，与他们交谈并表明对他们的关心：“学生正在大声疾呼老师的善意之词。”

在一项对中学生的研究中，克莱因（1995年）发现，学生希望从老师那里获得两样东西。

首先，学生需要得到老师的关心与照顾。其次，学生希望教师将他们视为独立的个体。……他们希望获得老师的关心，类似于“我足够关心你并鼓励你，敏锐察觉到你的变化，对你和你的朋友表现出善意，帮助你，保持愉快的关系，建立彼此信任，并且欣赏你。”

## 影响学生

教师处于优势地位，可以一直影响学生。关于改变学生生活轨迹的教师的故事比比皆是。影响学生的一个主要工具是我们使用的语言。我们可以熟练地使用语言来影响学生的生活，这种影响将会持续很多年。

## 解决冲突

语言技巧可用于解决学生之间的冲突。我们可以自己使用，也可以教学生使用，让他们有能力解决内心的冲突及其与同龄人的冲突。施伦普夫和其同事（1997年）建议，公平的调解员应该仔细听取双方的意见，转述他们的担忧，并且提出开放式问题。他们认为，教师有责任为学生创造安全的环境，并且帮助他们学会负责任的行为。他们还论述了重构和思考作为供调解员使用的技术的可能性。他们认为，冲突源于“有限的资源”“未满足的基本需求”和“不同的价值观”。

施伦普夫和其同事（1997年）确定了平等调解过程中的步骤：

第1步：同意调解；

第2步：收集观点；

第3步：关注兴趣；

第4步：创建双赢选项；

第5步：评估选项；

第6步：创建协议。

在第1步中，参与者同意调解，调解员说明调解的原则。他们告诉参与者，调解员将保持中立，所说的需要保密，参与者都将轮流分享和倾听，每个人都需要合作。调解员邀请参与者同意遵守规则。

在第2步中，调解员要求双方解释发生了什么。调解员转述参与者的陈述，并且邀请两名参与者补充陈述，分享他们对当时情景的感受。

在第3步中，调解员尝试揭示潜在利益。他们问参与者想要什么及为什么。他们倾听、转述，并且要求每个参与者站在另一个参与者的立场上考虑问题。如果参与者双方都无法解决这种情况，他们也可能会询问结果。他们总结每个参与者的兴趣，并且试图找到共同点。

在第4步中，调解员邀请参与者集思广益，讨论双赢的可能性。他们解释头脑风暴的规则（说出任何想到的东西，避免评判，产生许多选择，提出创造性的想法），并且写下参与者的想法。

在第5步中，调解员要求参与者评估他们集思广益的各种想法。他们询问这个选择是否公平，是否可以做到，以及它可能在多大程度上起作用。

在第6步中，调解员要求参与者制订一个具体的计划。他们写下计划，并且要求两位参与者总结他们同意做的事情。最后，他们达成和解。

吉尔胡利和舍赫（2000年）建议调解员使用这样的语言，例如，“所以你感觉________，因为________”。他们强调，当人们有不同的观点时，可能会产生冲突。泰奥利斯（2002年）创建了冲突-解决实验来帮助学生发展积极心态、感觉自己属于班集体的一员、意识到自己重视什么、识别自己的感受、表达同理心、进行有效沟通。这本书中包含了所有这些语言技巧。

05

# 第五章

# 与学生有效交谈的100个技巧

本章包含100个与学生有效交谈的技巧。并且在每条技巧后进行了总结，列出了这些技巧的可能用途。你可以根据自己的情况和风格调整这些技巧。请大胆使用这些技巧，并且在使用过程中观察学生的反应。

## 1. 接纳学生当前的状态

你是否曾对一个新的学习环境感到不太情愿？比如周末培训课，也许你有比上这个课更想做的事，也许你正被家庭琐事困扰，我们都有过类似经历。但如果这时候你的老师表扬你为了成长、进步而放弃周末的休息时间，你会怎样？你会放松下来，因为你知道老师理解你！

接纳学生当前的状态非常重要。教师可以说："我知道你们今天早上出门时可能有点儿难过，因为你们有心事。但非常感谢你们的到来！我想请你们把这些心事暂放一边，完全专注于当下，这样你们就能从我们共处的时光中有所收获。"

暑假结束后，教师可能会说："我相信你们一定度过了一个愉快的暑假，你们和家人、朋友一起做了许多有趣又激动的事情。假期的天气很好，我知道你们可能还有点儿怀念。为了让大家继续享受好天气，我们将在室外做一些项目和运动，你们也会继续和朋友在一起。再次欢迎你们的到来！"

**本技巧可以应用于：**建立关系、促进教学、规划未来、回应异议、鼓励学生、解决冲突。

## 2. 形容词

为什么以“地”结尾的形容词更能表达积极意义呢？因为使用以“地”结尾的形容词可以让学生的体验更强烈，使他们对讨论的内容感到兴奋。神奇的是，使用这些词语不仅能鼓励学生，还能让你自己感觉良好！

我们可以使用以下形容词：

- 绝对地
- 精美绝伦地
- 彻底地
- 自信地
- 不断地
- 令人愉悦地
- 轻松地
- 优雅地
- 热情地
- 兴奋地
- 友好地
- 充分地
- 欣然地
- 感激地
- 高兴地
- 衷心地
- 充满希望地

- 强烈地
- 内在地
- 快乐地
- 可能地
- 有力地
- 或许地
- 快速地
- 迅速地
- 容易地
- 熟练地
- 自发地
- 稳定地
- 策略性地
- 成功地
- 完全地
- 暖心地
- 极好地

下面是这类形容词在实际运用中的一些例子：

- “你会对自己能够如此迅速地学习感到惊讶和满意。”
- “当你在持续地努力时，你会发现自己的进步是多么令人欣喜。”
- “当你朝着某个目标不断前进时，你将发现你会非常自然地运用新的学习成果并加深对它的理解。”
- “在完成任务的过程中，你可能会为自己自然而然地完成工作而感到欣慰。”

- “当你上完这门课时，你可能会注意到，你是多么迅速地将自己的见解和理解内化，给你自己和他人的生活带来持久的改变。”
- “我相信，当你意识到自己是多么平稳地地朝着目标前进时，你一定会感到高兴。”
- “你可以通过哪些方式熟练而热情地运用你正在学习的所有令人兴奋的知识？”
- “这绝对是我20年职业生涯中见过的最努力学习的一群人！”
- “当你全身心地投入学习过程中时，你会发现你多么快速又轻松地掌握了这些概念！”

**本技巧可以应用于：**建立关系、促进教学、规划未来、回应异议、鼓励学生、影响学生、解决冲突。

## 3. 想象某件事情成功之后

你可以想象一下你的学生将要获得成功，并帮助他们在脑海中呈现这一场景。

有时候，学生很难想象他们自己会成功。通过你的语言，激发学生畅想未来，让学生体验获得成功的感觉。

有一次，一位女士在飞机上教我玩数独，她说：“等你玩得非常好了，你就会玩这样的谜题了。”（她给我看了一个看起来非常复杂的谜题）她是在帮我想象未来，想象我已经掌握了数独的基本方法，正在研究更难的谜题。当你说“之后”时，你是在假定学生一定会去做之后的事情。

- “学会了这个之后，你还会想去学什么？”
- “在你完成了实现目标所必需的一切之后，你会对即将到来的成功有什么感觉？”
- “当你实现了梦想之后，收益比你想象的还要多，你的生活会是什么样子？”
- “把桌面资料清理好之后，你会有一张干净的桌子。”
- “在你为考试充分准备之后，你就能取得好成绩了。”
- “在完成你的毕业论文之后，你会对自己所取得的成就感到非常满意。”
- “当你克服了拖延的习惯之后，你就可以做任何你想做的事情了！”

**本技巧可以应用于：**促进教学、规划未来、回应异议、鼓励学生、影响学生、解决冲突。

## 4. 用“同时”或“并且”，不要用“但是”

当你听到“但是”这个词的时候，你感觉如何？坏消息即将到来，你很可能会为即将到来的负面反馈做准备。我们倾向于否决在“但是”之前所说的一切。这个词语消除了之前给出的正面反馈（霍尔，2004年）。

- “你做得很好，但是……”
- “我喜欢那个，但是……”

- “你可以出去休息，但是……”

下次你即将脱口而出使用“但是”这个词的时候，请立即把它换成“同时”。如果“同时”不符合当前的语境，请使用“并且”。

- “你做得很好，并且……”
- “我喜欢那个，并且……”
- “你可以出去休息，同时……”

另一方面，你也可以使用“但是”这个词来引向对方的优势。

- “我不知道该怎么做。”
  - □ “但是你肯定学得会！”
- “我没有成功。”
  - □ “但是你很快就会实现它！”
- “我做不到。”
  - □ “但是你上次做到了！”

**这个技巧可以应用于：**建立关系、促进教学、规划未来、回应异议、鼓励学生、影响学生、解决冲突。

## 5. “当……”

当你阅读这本书时，你可能会发现，你会自动联想到你的学生，联想到未来在他们身上应用本书中的方法和语言技巧。当你规划未来时，你可能会注意到哪些学生应用了他们学到的知识，甚至有所精进。

当你以“当……”作为句子的开头时，你就将第一句话与第二句话联系起来了。这也将帮助你的听众连接两个句子中的信息。

- “当你做这项任务时，你可能会意识到你已经学到了更多知识。”
- “当你完成你今天的工作时，你可能会意识到你不断提升的技能和能力。”
- “当你做完这项作业时，你可能会意识到你阅读理解的速度有多快。”
- “当你接近完成你的学位时，你可能会对自己许多进步的方面感到非常满意。”

**这个技巧可以应用于：**促进教学、规划未来、回应异议、鼓励学生、影响学生、解决冲突。

## 6.“在……的时候”

你是否曾在不同时期对同一情况有不同的看法？我们都有过类似的经历。这取决于我们当时对现状的判断。

你可以帮助学生意识到，在不同的时期，他们会对自己的能力和状况有不同的看法。昨天，他们可能意识到他们做不了什么。但是今天是新的一天，明天又是新的一天。你能回忆起这样的情景：最初你不具备去做一些对你而言很重要的事情的能力，但是你后来掌握了这个能力。现在回想起来，你之前觉得自己做不到的想法似乎相当荒谬！

我们对生活中各类事件的看法每天都有可能发生变化。将关于时间的词语与“感到”“似乎”等词语相结合，可以帮助学生意识到他们的感知并不是一成不变的。

- “所以在当时，你认为这项任务很困难。”
- “所以现在，你还觉得自己不知道该怎么办。”
- “当时，你认为你做不到。”
- “所以在这个时间点上，你似乎还没有能力完成这项任务。”

**这个技巧可以应用于：**规划未来、回应异议、鼓励学生、影响学生、解决冲突。

## 7. “因为”和“自从”

我们都希望通过我们正在做的事情创造价值，不是吗？通过使用“因为”和“自从”等词语，向学生传达他们正在通过他们的努力学习创造价值。

- “因为你勤奋努力，所以你成功了。”
- “自从你意识到学习的重要性，你的学习进展迅速。”
- “因为你参加了这次研讨会，所以你将获得有价值的策略来加速你的成功。”
- “自从你在团队中采取合作的方式，你仅仅用了三天就完成了这个项目。”
- “因为你做出了以多种不同方式进行学习和成长的决定，所以你已经给你的生活带来了变化。”
- “自从你专注于完成这项任务，你的感觉越来越好。”

**这个技巧可以应用于：**促进教学、规划未来、回应异议、鼓励学生、影响学生、解决冲突。

## 8. 成为自己的偶像

你心中的偶像是谁？对于你想做的事情，谁做成了或者谁会做得比你好得多？当我们想做得更好时，可以逐步地模仿自己的偶像。几年前，我想学习如何放下工作享受假期。一位朋友建议我借鉴一位能够轻松做到这一点的偶像。我找到了我的学习榜样，努力向他学习，于是我度过了一个美好的假期！

学生在生活中有很多偶像，无论是在日常生活中还是在媒体上。当学生犹豫是否能相信自己真的可以做点什么时，当他们还没有信心继续完成任务或作业时，问他们心中的偶像："谁能快速完成这项工作，并且真正乐在其中呢？"

这种技巧帮助学生从不知道该做什么，到思考人生中的一个榜样是如何去做这件事的，直至其真正成为能做到这一点的人。

- "在这种情况下，某人会怎么做？"
- "你对某人如何完成这项任务怎么看？"
- "在完成任务的过程中，某人可能会采取哪些步骤？"
- "如果你是某人，你对如何做到这一点会有什么想法？"
- "逐步成为你的偶像某某。完成这个项目时注意你做了什么。"

**这个技巧可以应用于：**规划未来、回应异议、鼓励学生、影响学生、解决冲突。

## 9. “周五之前”而不是“到周五”

当有人要求你“到周五”做某事时，这意味着什么？大多数人想象自己在周四晚上完成任务，压力很大，因为他们习惯在最后一刻完成任务。当有人要求“请在周五之前做某事”时，你又会如何构思？这种措辞的变化将使听者专注于周五之前的时间，甚至可能是周五之前一周的时间。

我们经常要求学生“到周五”时完成某些作业。相反，根据霍尔的观点（《人际沟通》，2006 年 5 月），使用“周五之前”一词将帮助学生想象完成作业的整个过程，他们将更有可能专注于周五之前一周的时间。

- “请在春节假期之前完成你的项目。”
- “论文将在周三结束之前提交。”
- “请在明天下课之前上交你的作业。”
- “论文在今天下午三点之前提交。”

**本技巧可以应用于：**促进教学、规划未来、影响学生、解决冲突。

## 10. “通过做……”

通过教学，我们影响了未来。通过专注于鼓励学生，我们帮助他们成为激励他人的强大学习者。通过激励他人，你的学生将有力地影响世界！通过以“通过做……”开头，我们暗示学生必将因为做……而获得某些收获。

- “通过每天晚上学习下课后的内容，你完全可以保证在期末考试中取得好成绩。”
- “通过积极参与课堂，你将与同学建立可以持续一生的关系。”
- “通过坚持每天上课并做笔记，你将会在课堂上表现优异。”
- “通过安静地穿越教室间的走廊，你不会打扰到其他班级学生的学习。”
- “通过愿意承担风险并尝试新事情，你的成长会比你想象的大得多！”

**本技巧可以应用于：**促进教学、规划未来、回应异议、鼓励学生、影响学生、解决冲突。

## 11. 你能做到

我们都喜欢听到我们能做什么，而不是我们不能做什么。当有人说我们没有能力做某事时，我们会感到沮丧；当有人说我们有能力做到时，我们感到备受鼓舞。请尽量使用“接近”“很努力”“你走在正确的道路上”“你即将达成目标”“继续前进”“你很快就成功了”等短语与学生互动。当你回应学生时，尽量避免摇头，避免做“不能”的暗示。

当你说“是的！没错！”时，学生会感到充满力量。点头，专注于积极的一面。强调积极的一面也有助于让你自己感觉更有力量。下次当你忍不住想摇头说“不”时，请换个其他的词，然后点头说“是的”。学生和你都会从中受益。

- 与其说“不，你不能做××事”，不如说“你可以做××事”。
- 与其说“不，你不应该做××事”，不如说“做××事可能对你有帮助”。
- 与其说“你错了”，不如说“你走在正确的道路上”，或者“这是正确答案”。
- 与其说“这是个问题”，不如说“对我们来说，这是尝试一些创造性思考的机会”。

**本技巧可以应用于：**建立关系、促进教学、规划未来、回应异议、鼓励学生、影响学生、解决冲突。

## 12. 提供选择

我们都有过类似的经历，当别人告诉我们，我们应该做什么时，我们会觉得在这件事上我们没有任何选择。在这种情况下你有何感受呢？显然不太好！所有人都希望自己有选择的权利。

德瑞克和格雷（1968年）研究了给予学生选择权的重要性。我们给他们的选择越多，他们就越能感到自己能掌控局面。他们越觉得自己能掌控局面，就越不需要尝试从我们这里获得控制权。

费伊和芬克（1995年）建议给学生至少两个选择（或者更多，选择的数量取决于学生的年龄），“任何一种选择都会让你（成年人）欣喜若狂”。他们强调为了让学生说出他们的真实想法，要让学生在几个选项之间做出选择。例如，当布置作业时，你可以邀请学生选择要做的作业或选择提交作业的方式。

许多教师使用加德纳（2006年）的多元智能理论，让学生选择如何展示他们擅长的项目。一些学生可能会选择谱写乐曲（音乐智力），而另一些学生可能会选择用图形展示他们的作品（空间智能），等等。以下是一些强化学生选择的方法：

- “你有两个选择来完成这个作业。第一个是做某件事，第二个是做另一件事。你更喜欢哪一个呢？”
- “你更喜欢在午餐洗手前还是在午餐洗手后上交作业？”
- “你想在课间休息时把完成的试卷放在你的桌子上，还是放在我的桌子上？无论哪种方式都可以。”
- “你想在你的桌子上安静地做作业，还是在我的桌子上做作业？”

你还可以使用语言向学生传达他们已经做出的选择：

- “看起来你进入操场的时候就已经选好某个竞赛项目。”
- “你似乎已经决定晚三天交作业了。”

此外，你可以使用一些词语来暗示学生选择了积极的行为，向他们传达他们有能力选择：

- “你每次都是选择快到截止时间时准时交作业。”
- “当你在外面玩时，你总是选择尊重你的朋友。”

当学生毫无思路的时候，你也可以为他们提供一份可供选择的清单。根据B. 韦尔曼（个人沟通，1995年9月）的说法，当你只给学生一个选择时，学生可能会觉得他必须服从这个选择，否则可能会冒犯你或伤害与你的关系。提供两个选择则会让学生进退两难。只有当你提供三个或更多选择时，学生才能真正自由地选择最适合他的选择。

当你向学生提供选择时，向旁边做手势，示意每个选择的位置。你要看着你的手，而不是看着学生（艾里森、海斯、科斯塔和杰米斯顿，2008 年）。

学生将跟随你的目光，提出与选择相关的问题，而不会过多考虑他们与你的关系。在提供选择之前，你可以先询问学生是否想知道其他人尝试过什么：

- “W，X，Y，Z这个四项都有可能。你的脑海中还有哪些其他可能？你觉得哪种适合你？”
- “A，B，C，D都有人做过。你还有哪些其他选项吗？对于现在这种特殊情况下可能奏效的方法，你有什么想法？”

**本技巧可以应用于：**建立关系、促进教学、规划未来、回应异议、鼓励学生、影响学生、解决冲突。

## 13. 选择……

我们选择使用的词语会对我们的体验产生深远的影响。吉姆・费伊曾经告诉我，输入大脑的信息是否真实并不重要，大脑总是会将我们输入的信息视为正确的。我们相信我们告诉自己的。

有时，学生会使用“不得不”“必须”和“需要”等词语。这些词语的效果因人而异。

有些人用这些词来鞭策自己完成工作。有些人对这些词语的反应是远离他们想做的事情。邀请学生探究这些单词，找出最具激励作用的词语。

当我告诉自己“我不得不这样做”“我需要这样做”或“我必须这样做”时，我倾向于消极对待。有些人可能会做出积极的反应。能激励我行动的是“我想这样做”或“我选择这样做”。可能我“需要这样做”或“必须这样做”，但是我只会说“我想这样做”和“我选择这样做”，因为这是在告诉我自己，在这件事上我是有选择的。

有些人可能会通过告诉自己“我必须这样做”来激励自己。如果他们仅仅是因为没得选择才这样做的话，他们可能不会积极采取行动。只有当事情变得严峻起来，并且面临最后期限时，他们才会被激励采取行动。

询问学生下列分别给他们什么样的感觉。询问他们，当使用以下短句时，他们看到、听到和感受到了什么。

- “我不得不这样做。”
- “我需要这样做。”
- “我必须这样做。”
- “我选择这样做。”
- “我想这样做。”
- “我想要这样做。”
- “我很高兴这样做。”
- “我非常开心这样做。”

最后，请他们选择对自己说的话。

**本技巧可以应用于：**规划未来、回应异议、鼓励学生。

## 14. 有意识地注意

每一天的每一刻，我们都在不断观察周围事物。生活中的事物应接不暇，如果我们关注每一个细节，就没有时间做其他事情了。我们的大脑在多个层面上运转，包括有意识的和无意识的。通过询问，“你是否有意识地注意到了某件事”，我们暗示学生可以有意识地和无意识地注意到事物。我们可以将学生之前无意识地注意到的资源和成功带入他们的脑海中（霍尔，2004 年）。我们会问他们以下问题：

- “你是否有意识地注意到你的发展潜力和无限的资源？”
- “你是否有意识地注意到你迈向目标的速度有多快和力量有多大？
- “你是否有意识地注意到你在许多领域的潜力越来越大？”
- “你是否有意识地注意到你每天都在学习的那些不可思议的事情？”
- “你是否有意识地注意到你正在准备将你和你的朋友具备的所有技能都融入项目中？”

**本技巧可以应用于：**回应异议、鼓励学生、影响学生、解决冲突。

## 15. 情境

学生不总是做我们希望他们做的事情。迪尔兹和德勒兹尔（2000 年）认为，有时我们只需要将学生的行为置于具体情境之中。我们可以询问学生，在什么情境下他们的行为可能是合适的。我们可以肯定每种行为都有完全适合的情境。

考虑一下打架。人们花很多钱去看拳击比赛，所以在这种情况下打架是合适的。此外，如果有人遭到袭击，防卫反击可能是被袭击者生存的唯一方法。将此牢记于心，我们可以告诉学生，在另一种情境之下，他们的行为是合适的。

- 在什么情境下拖延是最佳选择？
- 在什么情境下那种行为是正确的？
- 在什么情境下那种行为是恰当的？
- 如果你是拳击运动员，这些行为绝对是恰当的。

**本技巧可以应用于：**促进教学、回应异议、鼓励学生、影响学生、解决冲突。

## 16. 继续

我们可以帮助学生将他们过去、现在和将来所学习的内容串联起来（霍尔，2004 年）。当有人说，“我们现在要开始上课了”，你会有什么反应？你可以想象一下一堂课开始的情景。

实际上，今天的课程是过去的课程的继续，也是未来的课程的前奏。如果将上面那句话改为“我们现在要继续上课了”，你就会向学生传达这种观念。请参阅以下例句：

- “今天我们继续学习小数。”
- “今天我们继续学习分数，关于昨天所学的内容还有疑问吗？”
- “我们继续学习有关宇航员的知识。”

**本技巧可以应用于：**促进教学、规划未来、鼓励学生、解决冲突。

## 17. 反例

你是否曾如此专注于你所认为的问题，以至于在脑海中忽略了反例？你只看到了存在的问题，但忽略了许多不存在问题的例子。

据克里斯蒂娜·霍尔博士的观点，当学生将某事视为问题时，他们往往只是关注了正在进行过程中的局部印象（霍尔，人际沟通，2006 年 6 月）。为他们找到一个反例可以放松他们对局部描述的束缚。以下陈述是示例：

- “我会拖延。”
    - □ “你这么快就告诉我了！
- “我没有动力。”
    - □ “你有了告诉我的动力！”
- “我做什么都没成功过！”
    - □ “你成功地告诉我了！”
- “我不会写字。”
    - □ “真的吗？那么你交的最后一份作业是谁写的？
- “我无法集中注意力。”
    - □ “你现在就在专心跟我说话！”

**本技巧可以应用于：**回应异议、鼓励学生、影响学生、解决冲突。

## 18. “为自己创造……”

我们完全能够创造出自己想要的生活。同样，我们也可以引导学生为自己创造。我们可以借此激发他们的创造力，开拓他们的视野。

- “为自己创造你一直想象但从未梦想过的生活。”
- “为自己创造在学业、生活上的成就，你会因此而感到欣喜和自豪！”
- “为自己创造你一直想拥有的学识和洞察力。”
- “为自己创造那种能让你一直保持微笑的声誉。”
- “为自己创造那些可以相交一生的挚友。”

**本技巧可以应用于：**促进教学、规划未来、鼓励学生、影响学生、解决冲突。

## 19. 好奇心

我最近因为身体不适去诊所找医生问诊，这个身体不适的问题在去年夏天因为我经常游泳已有所缓解。我的医生明智地问道：“我很想知道你再次游泳能多快消除这个问题。”问题解决了，我立刻恢复游泳了！

你想知道对学生使用语言技巧的短期和长期效果吗？你可以用“好奇”这个词来暗示你的学生将做某些事情：

- “我很好奇你完成这项任务的速度有多快。”
- “我很想知道你对所读的内容有何感想。”
- “我很想听听你对本单元阅读材料的看法。”

**本技巧可以应用于：**促进教学、规划未来、回应异议、鼓励学生、影响学生、解决冲突。

## 20. 名词变动词

有意将名词转化为动词来用，这个过程被称为“名词动词化”。动词暗示动作，名词则暗示时态。例如，“关系”（与“建立关系”）、“友谊”（与“交朋友”）、“沟通”（与“进行沟通”）。当听到“关系”这一词你有何感受？当听到“建立关系”这一词你又有何感想？

通过将名词转化为动词，我们可以帮助学生在他们的表述中重新加入动作，使他们感受到所说的内容的过程，而非一个被固定的特定时刻。这将进一步帮助学生将学习和生活视为不断发展的过程（霍尔，2004 年）。

埃勒·博洛克（1978年）提出，在医学领域中，疾病名称是名词形式，如癌症、癫痫、麻疹、心脏病和肿瘤。当人们患病时，患病及治愈的过程与疾病的定义并无关联。他认为，如果疾病以动词形式表达，例如“得麻疹了”人们会将其视为患病过程。以下是一些名词变动词的例子：

- “我和我的朋友关系很好。”（某个特定时间点）
  - □ “所以你和你的朋相处得很好。”（一个过程）
- “我和班上的同学有友谊。”
  - □ “所以，你在尽力与班上的同学交好。”
- “我与班上的其他同学沟通良好。”
  - □ “所以，你和同学一直进行着积极互动。”

**本技巧可以应用于：**促进教学、规划未来、回应异议、鼓励学生、影响学生、解决冲突。

## 21. 去做，而不是试一试

“试一试”这个词传达了一个强有力的预设。“我会试一试”到底是什么意思？这意味着这个人可能会做，也可能不会做。

当有人说“我会去做的”时，你做何感想？我们相信他们会竭尽所能完成这项任务。

当学生说“我会试一试”时，你可以问，“如果你说‘我会去做的’时又会怎么样呢？”与学生分享这个技巧，帮助他们实现目标。你可以把一支笔放在地板上，让学生“试着把它捡起来”，看看会发生什么。

**本技巧可以应用于：**促进教学、规划未来、回应异议、鼓励学生、影响学生、解决冲突。

## 22. “不要……，除非你真的想……”

你可以通过使用一些负面词汇来创造有利条件，例如，“不要学习，除非你真的想取得好成绩”。这加剧了一些学生的消极情绪，但信息的最后一部分是学生听到的和记住的内容。你也可以用你的声音强调句子的最后一部分：

- “不要学习，除非你真的想在这门课上取得好成绩。”
- “不要来上课，除非你想尽可能地学习关于这个主题的一切以实现你的梦想。”
- “不要考虑你学习这些内容的更远大目标，除非你想让很多人受益。”

- “不要就一知半解的问题提问，除非你想真正理解和消化这些内容。”
- “不要与朋友和家人分享你正在学习的东西，除非你想深入地学习。”

本技巧可以应用于：促进教学、规划未来、回应异议、鼓励学生、影响学生、解决冲突。

## 23. 减少使用“我”

当有人说“我想让你这样做”时，你的第一反应是什么？你可能想抗拒这个想法。作为拥有自我意识的个体，我们希望自己能做决定。而当有人问：“你可以帮忙做这件事吗？”你可能更倾向于照做。当教师使用“我”时，重点是老师而不是学生。我们常听到教师有如下表述：

- “我想让你在操场上走走。”
- “我想让你在铃声响起的时候来这里。”
- “我想让你交作业。”

在20 世纪 90 年代中期，我与迈克尔·格林德一起去过很多课堂，研究他们的班级管理。当他听到老师经常使用“我”时，他开始统计他们使用这个词的频次。当他与被观察的老师会面并向其提供反馈时，他建议该老师下次想使用“我”时，可以用“通过”一词代替：

- “通过在操场上走走，你将可以……”

- “通过在铃声响起后再来，你可以……”
- “通过交作业，你可以.....”

**本技巧可以应用于：**建立关系、促进教学、规划未来、回应异议、鼓励学生、影响学生、解决冲突。

## 24. 嵌入建议

当你想让学生做一些你直接提要求他们可能会拒绝的事情时，你可以将建议嵌入你的语言中，这样学生就不会意识到他们被要求做一些事情。你可以用你的语调来强调这个建议。

- “当你运用新学的知识时，你会惊讶和欣喜地发现，你的生活正以全新的、美妙的方式快速变化。”
- “当你参加练习时，你会有许多你尚未想到的令人兴奋的新发现，这些发现将丰富你和其他人的生活。”
- “我相信你会同意我的观点，这些想法和技能真的很令人兴奋，并且有可能为你和你周围的人带来辟许多机会。”
- “你会惊讶于你学习我们即将讨论的想法、策略的速度有多快。”
- “你想要了解、掌握我们所学内容背后的所有材料吗？”

本技巧可以应用于：促进教学、回应异议、鼓励学生、影响学生、解决冲突。

## 25. “更好”

有人告诉过你，“这比以前好多了”吗？你感觉如何？你可能会有点儿沮丧，因为你一直很努力，认为自己以前也并不差！如果他们说：“这比以前更好了”，你的感受会有何不同？

“更”这个词看似简单，作用却很显著。在我打扫完房间并重新整理后，我丈夫过去常说：“这个房间看起来好多了！”这给我当头一棒，就好像之前房间不整洁一样。如果他说“房间比之前更加整洁了”，他的意思就变成了“房间之前很整洁，现在更整洁了”。

“你做得比之前好”意味着之前做得不好。“你现在做得更好了”这表示学生已经做得很好了，而且一直在进步（安德里亚，1992 年）。

- “这份作业比之前交的那份做得更好了。”
- “我想象你完成之后会感觉更好！”
- “这项任务完成得比上一项任务更加好。”
- “看起来你这次作业比上一次更加努力了。”
- “你这周的拼写测试比上周的更好。”

**本技巧可以应用于：**建立关系、促进教学、规划未来、回应异议、鼓励学生、影响学生、解决冲突。

## 26. 反馈

我们都收到过各种各样的反馈。某些反馈会让我们沮丧，某些反馈则让我们强大。产生如此不同结果的反馈的特征是什么？

艾里森和同事（2008 年）总结了五种类型的反馈：评判、提供反馈人的主观信息、推论、提供数据，以及反思性提问。当我们给学生提供前三种类型的反馈时，我们就剥夺了他们自我评价的才能。

### ☑ 评判

无论是正面的还是负面的，要避免对学生的作业和其他问题做出评判，这是大有裨益的（艾莉森等，2008年）。即使我们做出正面的评判，例如，“你的作业完成得很棒”或“你做得很好”，学生也很清楚，我们能做出正面的评判，同样能做出负面的评判。另外，如果我们在全班学生面前表扬某个学生做得好，那么其他未被表扬的学生就会觉得被忽视。如果我们表扬了某个学生一次，而下次这个学生做了同样的事情我们却没有给予表扬，他就会觉得被忽视。

评判学生的表现，就是将自己凌驾于学生之上。我们还教导学生从外部而非内部寻求肯定和评判（费伊、方克，1995年），并且他人的建议比自我评判更重要。因此，不惜一切代价避免做出评判是很有帮助的。要避免做出评判的语言示例如下：

- “你做得很好。”
- “那是一份出色的报告。”
- “太棒了！”
- “你在这方面做得不好。”

### ☑ 提供反馈人的主观信息

第二种类型的反馈是提供反馈人的主观信息。此类反馈中存在“我”

和“我们”这类词或这些词的派生词。艾里森及其同事（2008 年）也建议避免使用这种类型的反馈。与评判一样，以下陈述表明，给出反馈人的主观意见比引出当事人的想法和感受更会剥夺学生对学习进行自我评价的机会。

- “我喜欢你的演讲。”
- “我喜欢你进入房间的方式。”
- “我欣赏你的工作。”

### ☑ 推论

推论是人们从数据中得到的结论。同样的数据，不同的人可以得到不同的结论。艾里森及其同事（2008年）认为，我们应该避免以下推论：

- “演讲中你四处晃动，你肯定很紧张。”
- “报告中你引用了很多著作，你一定很努力。”
- “在最终完成项目的过程中你遇到了很多麻烦。”

而最后两种类型的反馈，提供数据和反思性提问有助于学生进行自我评价。

### ☑ 提供数据

埃里森及其同事（2008年）认为，当我们向学生提供无可争议的数据时，学生会受益匪浅。通过这些数据，学生可以做出自己的评判和推论。

- “演讲中的5分钟内你换了5个不同的位置。”
- “你交的报告中引用了 48 本著作。”

- “你说你一共使用了60小时来准备最终课题。”

### ☑反思性提问

根据艾里森及其同事（2008年）的观点，在向学生提供数据后，我们应该提一些反思性问题来引导他们思考和处理数据。针对上述数据，我们可能会问以下反思性问题：

- “演讲中的5分钟内你换了5个不同的位置，你换位置是想与听众交流什么呢？”
- “你交的报告中引用了 48 本著作，你查找和阅读如此多著作的策略是什么呢？”
- “你说你一共使用了60小时来准备最终课题，为了完成这个课题，你主要采取了哪些策略？”

**本技巧可以应用于：**建立关系、促进教学、规划未来、回应异议、鼓励学生、影响学生、解决冲突。

## 27. 让学生觉得自己很聪明

有时，当我们接收到一个全新的概念时，会觉得自己不够聪明。既然我们都知道、也害怕这种感觉，那么我们最好想办法帮助我们的学生，使他们即使在学习新知识的时候也能觉得自己很聪明。鲍勃·盖姆斯顿建议，一种方法是向学生“预先教授”新概念，这样当我们准备“正式教授”他们新概念时，学生就已经对这个概念有了一些了解，并且会觉得自己很聪明。

你将如何付诸实践？在教授当天的新概念的开始或是开始教授新概念的前一天，你通过与学生讨论其需要知道的关键点来使学生理解它。你可能会说，“明天（或是今天晚些时候）我们将讨论 × × 主题，将会做相关练习。例如……还有个例子，是……如果你想预习，那么可以翻到第 × × 页。”你也可以邀请学生和他们的父母当晚讨论这个话题。

“预先教授”的另一策略是，向学生指明他们之前已经有过与主题有关的学习经历。当教授学生“时间”这个主题时，你可以问：“有谁见过时钟？有谁思考过指针的意义？也许你们会向父母询问时间，也许父母会向你解释时钟上两个指针的含义及它们如何表示时间。”

教学生“分数”这个主题时，你开场可以说：“我们今天将要讨论分数。也许你想和朋友分享一块方糖。你要怎么分？也许你母亲做了馅饼，想要平均分给全家人，这样一来，全家人都可以分到同样大小的馅饼。‘平均’是什么意思？她该怎么做？”

**本技巧可以应用于：**促进教学、鼓励学生。

## 28.“翻转”陈述

有时学生会说他们想做一些事情，但又对它施加限制：“我想做作业，但没有时间。” 你可以通过“翻转”陈述来解决这种情况，以增强他们的动力或激情。大脑往往会强调“但是”一词后面的内容，然而，通过“翻转”陈述，你可以尊重并认可学生想做的事情（霍尔，2004年）。

在下面的学生陈述中，学生专注于什么阻碍了他们想做的事情。通过“翻转”陈述，你可以帮助他们记住他们想做什么。你也可以把第一句话变成过去时态。

- “我想做这个作业，但是我累了。”
  - □ “你说你累了，但是你想做这个作业。”
- “我想来上课，但是我有很多事情要做。”
  - □ “你有很多事情要做，但是你想来上课。”
- “我想上这门课，但是我妈妈生病了。”
  - □ “你妈妈生病了，但你想上这门课。”

**本技巧可以应用于：**回应异议、影响学生、解决冲突。

## 29. 畅想未来

我们是如何学会展望未来的？家人向我们指出了这一点，不是吗？他们帮助我们想象它，帮助我们看到自己能成为什么样的人。

我的父母告诉我，我长大以后可以成为一名钢琴家、教师或护士，这令人兴奋不已。最终我成了一名教师。因为我怕血，所以不适合当护士。学钢琴每天不得不练习一小时，这对我来说是不能接受的。所以最终，我选择了教师这份职业。无论是有意还是无意，我的父母都帮助我描绘了未来并为之制定了规划。

当你和学生交谈、沟通时，加一两句话来暗示他们将来会成功。通过这样做，你不仅表达了对他们创造价值和意义的信心，还可以帮助他们描绘和规划未来。

- “哇！你真是个勤奋的人！我想你明年三年级会取得更大的成功，以后每年都如此！”
- “无论是明年还是未来，你都将实现你最远大的抱负。你肯定会获得多个高等教育学位！”
- “将来你会成为一位非常成功的医生（律师、教师、企业家、舞蹈家、歌手或艺术家等）！”
- “你上大学及以后的目标和梦想是什么？你首先会学习哪些科目？”

### ☑畅想未来，回顾过去……

另一个激励学生描绘未来的策略是让他们畅想未来，然后让他们回顾过去他们为实现目标所做之事（霍尔，2006年）。这个过程可以帮助学生看到他们为取得成功需要采取的每一项行动步骤。

- “当你完成这个项目并回顾过去时，你在完成它的过程中迈出的第一步是什么？”
- “畅想未来，回顾过去，你已经以优秀的成绩完成了这门课程，你做了哪些事情来实现它？”
- “当你拿到学位后，回想起来，你完成了哪些帮助你取得成功的任务？”

### ☑过去、现在、未来

当学生“陷入困境”时，他们会给自认为的限制贴上标签，这将导致他们无法完成创造价值的事情（霍尔，2006年）。他们无法聚焦于他们拥有的众多内部和外部资源，也不认为自己在未来会取得成功。根据霍尔的建议，我们可以使用表示不同时态的动词时态来帮助学生回顾过去（突破过去的限制）、发展现在和描绘未来。

- “所以到目前为止，你曾在这方面（过去）遇到了困难，现在正在应用你的新知识和策略来学习它（现在的资源），这样你将来就能在这方面取得成功（未来的成功）。”
- “你已经意识到这是一个问题（过去），正在尝试能获得的所有方法（现在的资源），你将来会成功（未来的成功）。”
- “你曾经认为这是一个问题（过去），直到你意识到你现在拥有的所有资源，无论是内部的还是外部的资源（现在的资源），都能让你朝着实现最远大的抱负（未来的成功）迈进。

### ☑ 畅想未来，回顾过去……然后继续畅想未来

当我们在当下“陷入困境”时，我们很难预见未来。你能够通过语言技巧来帮助学生系统地看待他们的生活（霍尔，2006年）。首先，邀请学生畅想未来：

- “你现在对实现目标有什么想法？”
- “在实现目标的过程中，你会使用哪些策略？”

然后让学生回顾一下他们都做过哪些事。他们还可以继续畅想未来，转身并回顾当下：

- 畅想一下未来，然后回顾一下你取得的成就，你在完成目标的过程中使用了哪些策略？
- 畅想一下未来，然后回顾一下你已经取得的比你想象得更多的成就，在快速前进的过程中，你采取了哪些行动？

最后，让学生回到当下，同时向前看，思考他们将要采取哪些方式以实现目标。

- 现在，回到当下，为了完成论文，你下一步将怎么做？
- 现在，回到现在，畅想一下你的目标完成得比预想得要快，你有何感想？

**本技巧可以应用于：**促进教学、规划未来、回应异议、鼓励学生、影响学生、解决冲突。

## 30. 绿色大象

如果有人对你说“不要去想绿色大象”，你有何感想？你会立刻想到什么？为了回应对方的请求，你显然会在脑海中形成一张绿色大象的图片（霍尔，2006年）。你甚至会持续想象绿色的大象是什么样的。

我们曾多少次听老师说过“不要用蜡笔”“不要跑”“不要在操场上打架”？学生会记住他们听到的，然后他们会忽略“不要”。所以学生记住了“用蜡笔”“跑”“在操场上打架”。最后，老师就会想：为什么学生会牢牢记住了让他们不要做的事？“难道我没告诉你们不要用蜡笔吗？”学生只是将我们跟他们说的付诸行动。有些人看到“不要践踏草坪”的标志时会想：“这不可能发生在我身上。既然你提到了，这看起来是个不错的主意！”因此，当与学生交谈时，要告诉他们你想让他们做的事！

- “请尊重他人。”
- “请克制好自己。”

- “请在过道上走路。”

你也可以让学生“记住做某事”，而非“不要忘记”。

- 不要说：“不要忘记关灯。”
  - □ 要说：“记得关灯。”
- 不要说：“不要忘记散步。”
  - □ 要说：“记得要散步。”
- 不要说：“不要忘记做作业。”
  - □ 要说：“记得做作业。”

格林德（2009年4月）提出了正面表述和负面表述的观点。如果有人首次做某事，我们可以正面表述。如果有人之前就处置不合理，我们可以先负面表述，然后进行正面表述。如果有人对你的要求反应迟缓，我们可以先正面表述，继之负面表述，最后以正面表述结束。关键在于要习惯以正面表述结尾。

**本技巧可以应用于：**促进教学、规划未来、鼓励学生、影响学生、解决冲突。

## 31. 高期待

拉德森-比林斯（1994年）发现为了让学生取得更高成就，老师要告知学生老师对他们的高期待。老师认为学生可以成功，学生就能做到（艾莫等，1976年；纽曼，1993年；特罗斯和吉普森，1986年）。拉德森-比林斯分享了她的五年级老师的故事，“这位老师对我形成‘教师能真正激励学生做到最好’的信念起到最关键的作用”。这位老师就是班纳老师，“她要求我们每份作业都尽善尽美，严格要求我们的书写、拼写的准确性……她一直告诫我们，在课堂上玩耍就是不尊重自己。她督促道：‘不要错失良机。’”

格林德（2005年）建议教师通过挺直如松的站姿，站在教室前向学生传达对他们的高期待。他还建议教师的前臂要么垂到身体侧面，要么弯曲到腰部并与地面平行。教师也可以将一侧手臂向下延伸到侧面，另一侧手臂平行于地面（格林德，1995年9月）。当教师站在讲台上，站在全班学生面前时，要经常向学生传达对他们的高期待：

- “随着你每天积累的知识越来越多，你将会欣喜于自己取得的成绩。”
- “尽管现在这看起来有点儿困难，但你会惊讶和高兴地发现，你掌握它的速度会越来越快！”
- “我相信你已经注意到，你正以飞快的速度将这种新知识融入你正在增加和扩展的才能中！”
- “当我们学习这些内容时，你将使用你一直在用的策略来掌握你正在学习的一切！”

**本技巧可以应用于：**建立关系、促进教学、规划未来、回应异议、鼓励学生、影响学生、解决冲突。

## 32. “怎样……”

我们要怎样使学生每天都过得有意义？我们要怎样帮助学生在多年后回顾他们的学习生活时依旧能够清楚地记得今天所发生的事情？我们

要怎样告知学生他们具有撼动世界的潜能？

奥康纳和塞伊穆尔（1990年）认为，通过使用“怎样”来提问，可以让学生理解问题的结构。而使用“为什么”来提问，可能会让你得到一些理由等。使用“怎样”来提问，可以为学生创造更多可能性。

- “知道这件事会怎样影响你的生活吗？”
- “这项任务的完成会怎样影响你朝着目标前进的方式的满意度？”
- “你能怎样快速、愉快地完成这项任务？”
- “在完成任务的过程中你要怎样进一步学习？”
- “你要怎样理解这些有利于你未来职业生涯的原则？”
- “你要怎样利用在大学习得的学习习惯？”

**本技巧可以应用于：**促进教学、规划未来、回应异议、鼓励学生、影响学生、解决冲突。

## 33. “我道歉”与“对不起”

有些人不断地说：“对不起。”他们看似是在为自己的行为道歉。但在某些情况下，“对不起”这句话可能会在身份层面传达出对方的歉意：“我是一个心怀愧疚的人。”

如果你让一个人伸出手臂并向上推，同时你向下压他的手臂，然后让他说“对不起”，那么他的手臂会变得无力。而如果你让他说“我道歉”，那么他们手臂还会变得强劲有力，这意味着这个人学得自己很强大。虽然这看起来很奇怪，但当我们说“我道歉”时，我们是在让自己感到强大；而当我们说“对不起”时，我们是在让自己感到软弱。

如果一个学生要向另一个学生道歉，最好说“我道歉”，而不是说“对不起”。如果学生认为主动道歉是正确的，而不是被迫道歉，这也是有价值的。

**本技巧可以应用于：**回应异议、解决冲突。

## 34.“我将会……”

我们都曾有过类似的经历，请别人帮忙却被拒绝。这些我们当然能够理解。但是他们的拒绝方式有些是可以接受的，有些却会让我们觉得不该寻求他们的帮助。

与其告诉学生你不会做什么，不如告诉他们你会做什么。同时，保持微笑也是有帮助的。与其要求学生安静下来，或者表示在他们安静下来之前你不会开始上课，不如你微笑着说：“教室安静了，我们将会开始上课。”如果有学生常常晚交作业，你可以说：“下午三点前上交的作业，我将会在今天给出分数。”如果有学生不拿出书，你可以说：“我们将会讨论第50页的内容。”

我在墨西哥举办研讨会时，人们会叫我帮他们做各种各样的事情。我的第一反应是，这会给我增加额外的负担，然后我就会说：“不”。一位墨西哥的朋友告诉我，正确的回答是“Como no？”这在西班牙语里的意思是“为什么不呢？”我建议你在回应学生时，采取“为什么不做……呢”的句式。

通过告诉学生我们会做什么而不是不做什么，我们之间就会建立起积极的关系。“快乐”和“高兴”等词也有助于向学生传达积极的信息。

- “等你做完，我很乐意看看。”
- “我很开心下周课后我能和你一起工作。”
- “安静的学生可以下课。”
- “安静学习的学生值得表扬。”

你可以告诉学生他们该做什么，而非告诉他们不该做什么，这样一来可以帮助他们将注意力集中于积极行为。我们可以将名词动词化，以帮助学生将任务视为一个持续的过程。

过去，教育工作者常常让学生写一百条他们不能做的事，例如，“我不能打人”“我不能扔东西”。那些教育工作者将消极行为注入学生的大脑，自己却浑然不知。多次写完消极行为后，学生更可能做出那些善意的教育工作者试图减少的消极行为。试着用积极的方法说出这些话：

- 不要让学生说“我不能打人”。
  - □ 要让学生说“我会克制自己”或“我会尊重他人”。
- 不要让学生说“我不能跑”。
  - □ 要让学生说“我会走”。
- 不要让学生说“我不能在课堂上玩”。
  - □ 要让学生说“我会在课堂上做作业的”。

**本技巧可以应用于：**建立关系、促进教学、规划未来、影响学生、解决冲突。

## 35. 帮学生构建积极的身份

我们倾向于按照我们看待自己的方式行事。如果你认为你的身份是一个负责任的人，你将成为一个负责任的人。迪尔茨（1999 年）根据贝特森（1972 年）的研究成果开发出神经逻辑层次（理想层次）模型。我们可以利用这个模型让学生为自己构建积极的身份。

### ☑ 精神或使命

精神或使命是人们做事的更高追求，比如，人们谈论改变世界、带来和平等。我们做事总是为了更高的追求。我们可以帮助学生专注于他们正在做的事情的更高追求。所有年龄段的学生都可以参与募捐以帮助其他国家的儿童，参与志愿者服务，从事其他社会公益活动等。

### ☑ 身份

我们的身份就是指我们是谁。人们常用“我是 × ×”来描述自己。生活中我们有多重身份：母亲、父亲、孩子、父母、成功人士、老师、校长、学生、学习者、身体健康的人、快乐的人等。当我们说“我是 × ×”时，我们想表达的是我们的身份。一般来说，身份是稳定的。

人们常可以通过在特定时间审视自己并给自己贴上标签来确认身份（霍尔，2006年）。一个人可能会经历一段杂乱无章的处事阶段。他可能会审视一下自己，说：“我的生活真是杂乱无章!”这个杂乱的感知会映射到身份层面上。一个学生可能会经历一段不能像他的同学一样认真读书的阶段，审视一下那段时间，他就会在身份层面上得出“我真笨”或“我不是一个好学生”的结论。

基于日常生活的概括总结，学生会形成关于自己的各种看法，而且他们常会根据他们的身份采取行动。那些明确“我是好学生”“我乐于助人”“我很负责”“我很聪明”“我是运动员”“我是优秀的足球运动员”“我是个勤奋的工人”“我是作家”“我是爱读书的人”这样身份的学生，常常会根据身份采取行动。另外，通过生命中重要的人的告知或是由过往经历总结而形成消极身份的学生常常会消极处事。消极身份包括“我很差劲”“我不是个好学生”“我是个麻烦制造者”“我没有运动细胞”“我不好”“我很害羞”“我没有艺术细胞”“我是个失败者”“我很笨拙”“我不会说话”等。

教师处在特殊位置，可以帮助学生构建积极的身份。为了帮助学生构建积极的身份，教师要不断寻找机会，发现学生积极的为人处世行为，并且说：“你真的是……的孩子”你可以帮助你的学生构建哪些积极的身份？

## ☑ 信念和价值观

信念和价值观是我们坚信正确的观念。我们可能相信教育是重要的，学习是有价值的；我们也可以相信我们不会成功；我们相信学校运转有一些特定规则；我们也可以有特定的精神信仰；学生可以相信自己会成功或不会成功；他们可能认为学校有价值，也可能认为学校没价值；他们可能珍惜友谊、玩具或其他事物；他们可能有特定的精神信仰。我们可以帮助学生相信，他们可以实现他们所想成为的人，成为他们所想。我们也可以帮助学生将消极的身份变为积极的身份。

## ☑能力

能力是我们所能做的事的集合。我们可以教学生阅读、发邮件、写信、用电脑、选服饰、写论文等。学生的能力包括阅读、写故事、做数学题、做科学实验、看地图、做运动、唱歌、演奏乐器等。

## ☑行为

行为是构成能力的动作。在教学生阅读时，我们可以说，“这是字母A。”学生会说A，在教学生用电脑时，我们可以说，“敲击H键”。

## ☑环境

我们每天都在各种环境中花费时间（家、办公室、汽车、大自然等）。学生也会在各种环境中花费时间（家、教室、汽车、朋友家、商店等）。

## ☑应用

我们要怎样用神经逻辑层次模型来帮助学生有所成就？我们可以将学生做的消极的事情降低到行为能力的逻辑层上，而把学生的积极行为提高到他们的身份层面。以下是降低学生做消积事情的逻辑层面的例子：

- 如果学生生气，教师可以说“你因当下的情形而生气（环境）”，而不说“你生气了（身份）”。
- 如果学生说“我不擅长演讲（身份）”，教师可以说“你还没学会在人群中保持泰然自若（能力）”。
- 如果学生说“我没通过考试，我太笨了（身份）”，教师可以说“你还没机会为考试复习（行为）”。

另一方面，我们可以提高学生为身份认同所做的积极事情的水平。

- “你读了很多书。你真是一个好读者！”
- “你的作业完成得很认真。你绝对是一个好学生！”
- “你总是带着微笑进来。你真是个幸福的人！”
- “你与人相处得不错。你真是个友好的人！”

**本技巧可以应用于：**建立关系、促进教学、规划未来、回应异议、鼓励学生、影响学生、解决冲突。

## 36. 划重点

我们都会遇到这样的老师，他们会说“这个内容将会出现在考试中”“这很重要”“你们要记住这个”。于是，我们记录下来并牢牢记住！我大一时，讲“西方文明史”的老师就是这样做的，我感恩于他。这本书包含如此多的细节，包括日期、概念和很多主题，这位老师给我们划了重点，有助于我们高效地学习这些内容，并在考试中发挥出色。

我们可以帮学生划重点，他们就可以知道要学什么，并且会多花时间在重点上，这样我们就能帮助他们高效学习。实用的语言技巧示例如下：

- “这很重要。”
- “一定要掌握这个部分。”
- “这个内容会出现在考试中。”

- “这是了解这部分内容的关键点。”
- “这是我们讨论的基础。”

**本技巧可以应用于：**促进教学。

## 37. 着眼于未来

当学生陷入某种困境时，我们可以帮助他们将困境放在更长的时间跨度内，着眼于未来，这样他们就能知道，此时的困境只是人一生中的一个瞬间。高中时我修了一年的化学课程，当时我学得很困难。为了提高成绩，我经常在当地大学图书馆阅读化学书籍来理解老师讲的各种化学概念。

当我进入田纳西大学时，化学是家政学院大一新生最容易挂科的课程。由于我在高中时学习过大学化学教科书，所以当其他同学学习困难时，我却得心应手。着眼于未来，我在困境中的坚持获得了回报。

当学生因为某事而陷入困境时，通常是因为他们只看到了现在，而没有融入过去或未来。教师可以使用“着眼于未来”这个短语来帮助学生在更长的时间跨度内审视自己。

- “我花了很多时间学习这个。”
    - □ “着眼于未来，这真的是一项才能吗？”
- “我还不能这么做。”
    - □ “着眼于未来，这怎么可能是最佳的状态？”
- “我正在努力学习这个。”
    - □ “着眼于未来，这对你最大的好处是什么？”

- “我有困难。”
  - “着眼于未来，克服这种困难可能有什么好处？

**本技巧可以应用于：**促进教学、规划未来、回应异议、鼓励学生、影响学生、解决冲突。

## 38. 使用表示“正在进行”状态的动词

当使用表示“正在进行”状态的动词时，我们可以让学生将我们所说的内容想象成一个持续的过程。我们所说的内容可以形成一个动态的过程，而不是一个静止不变的状态。想象一下当地新闻频道上的“突发新闻”横幅。不知怎么的，它总是能激起我们内心的涟漪：“哇！这正在发生。它将如何结束？”以下是我们使用表示“正在进行”状态的动词的一些例子：

- “你现在学习很认真。”
- “你正在为考试而复习。”
- “你正在用各种方法学习。”
- “为了完成课题，你和你的团队成员正在精诚合作。”

当我们说“你一直在做这件事”时，我们表示某人的动作从过去持续到现在。看看下面的例子：

- “你一直在做这件事，对吧？”
- “多年来，你的学习成绩一直很好。”
- “你一直在为这次的考试努力学习。”
- “在过去的两周里，你和你的团队成员一直在精诚合作。”

**本技巧可以应用于：**建立关系、促进教学、规划未来、回应异议、鼓励学生、影响学生、解决冲突。

## 39. 询问而非盘问

从小时候开始，我们就一直会被问各种问题。我们的父母会问："你去哪儿？""你和谁在一起？""你做了什么？""你为什么要那么做？"诸如此类的问题很难得到我们积极的回应。

那如果问题更加开放呢？"跟我说说你今天晚上的故事""哪些人比较有趣""哪些活动比较有趣""跟我说说你那么做的原因"。同一主题上两种类型的问题有什么不同？

许多学生清楚地知道，当家长问他们问题时，是在寻找问题的具体答案。换句话说，只有一个正确答案，学生需要知道它是什么。此外，家长可能会计划利用他们获得的信息来考查学生。当我们觉得自己被盘问时，我们可能会有思考上的困难（艾莉森等，2008年）。盘问和真正的询问之间的区别在于，询问者都想知道对方的真实想法。

盘问和询问的差别之一是，人们在盘问他人时，结尾时的语调会变低；相反的，人们在询问他人时，结尾时的语调会变高（格林德，2007年）。另外，在盘问时，盘问者会保持封闭动作（可能手臂会交叉），询问时，询问者会保持开放动作（手臂置于体侧或展开，手心可能向上）。

盘问和询问的差别之二是，在盘问时，人们会问些只有一个答案的指向性问题；在询问时，人们会问些有各种答案的开放式问题。当我们问学生只有一个答案的问题时，他们很可能会抵制。当我们问一些可以得到多种答案的问题时，我们可能会得到周全、深思的回答。在我们询问而非盘问学生时，我们可以安抚他们，让他们仔细思考。

**本技巧可以应用于：**建立关系、促进教学、回应异议、解决冲突。

## 40. 指导

作为学生，我们偶尔会在课堂上走神，会突然意识到老师讲了一系列指令，而我们什么也没听到。我们不知道老师让我们做什么，并且我们会因为没有认真听讲而羞于询问老师。而且黑板上什么也没有写，我们连这个备用选项都没能指望上。

普鲁萨克及其同事（2005年）认为，老师应该给学生提供简单指令，以帮助他们开启任务，并且老师可以单独辅导有困难的学生。他们还认为，给出长指令的老师往往会让学生失去注意力。老师可以通过缩短指令和限制句子的数量来增加学生完成作业的机会。

普鲁萨克及其同事（2005年）以及格林德（2005年）认为，在给指令时老师应该将语言、非语言方式并用。老师可以通过语言及肢体动作传递完整信息。

格林德（2005年）举例，当老师说“举起手”时，就同时举起他们的手，这样老师就通过语言和非语言方式告诉学生他们要做什么。当学生习惯举手问问题时，老师只需利用举手的规则就可以引导学生。如果学生开始随意发言，老师可以使用语言和非语言信息掌控课堂，直到学生再次习惯举手。

格林德（2005年）也认为除了语言指导，老师也应该在黑板上、幻灯片白板上写下指令来指导学生的听觉、视觉。这种做法使学生不必问他们应该做什么。不知有多少次，我们听到老师用有点儿恼怒的语气说："我刚刚告诉过你该做什么！"作为成年人，我们会总是听老师说话吗？我们可以通过将指令写在黑板上促使学生在作业上花更多时间，以帮助学生更好地学习。

**本技巧可以应用于：**促进教学。

## 41. 多用"是……"这样的句式

我们可以通过"是……"这样的句式表示我们说的是事实。

- "再次见到你真是太好了！"
- "看到你的作业真是让人激动！"
- "看到你满意自己的成绩真是太好了！"
- "看到你的试卷真是太棒了！"
- "看你今天很开心真是太好了！"
- "参加周六晚上的比赛，见证我们队获胜真是有趣极了！"

**本技巧可以应用于：**建立关系、促进教学、回应异议、鼓励学生。

## 42. 多用"这真的是……"这样的句式

你是否曾经遇到过这种情况，非常接近真相但是最后还是没能看清楚。有时，学生需要有人提醒他们聚焦于最重要的事项，而不是在细枝末节上浪费精力。我们可以帮助他们意识到对他们和其他人来说真正重要的是什么。我们可以给他们谈论的概念贴上标签，以帮助他们打开更广阔的视野。

- “所以这真的是一份完成得很好的作业，不是吗？”
- “在这里，确保操场上学生的安全才是真正重要的。”
- “确保所有学生在课堂上都感到安全是我们真正想要的，不是吗？”
- “与他人建立令人满意的关系是生活中真正最重要的事情之一，不是吗？”
- “学生交给我们的作业都很好是我们真正都想要的，不是吗？”
- “真正重要的是终身成长，并且知道我们有能力做任何下定决心要做的事情，不是吗？”

**本技巧可以应用于：**回应异议、鼓励学生、影响学生、解决冲突。

## 43. 多说“你最清楚……”

格林德（1996年9月）让我们领略了“你最清楚”这个句式的魔力。当我们对人们说这个句式时，我们表达了对他们观点、想法的尊重。每当我这么说时，对方都会开怀大笑。我们在告诉他们，他们最清楚该如何运用材料、如何运用所学、如何在生活的各个领域取得进步。

- “你最清楚如何在职业生涯中运用它。”
- “你最清楚如何准备你的项目。”
- “你最清楚选择与谁共事。”
- “你最清楚你想在这一单元学到什么。”

- “你最清楚促使你完成目标的最有效策略。”

**本技巧可以应用于：**建立关系、促进教学、规划未来、回应异议、鼓励学生、影响学生、解决冲突。

## 44. 在课堂上制造欢笑

没有什么比传统的捧腹大笑更有益于身体的了！卡津斯（2005年）发现，当那些患有绝症的患者看喜剧视频时，他们的健康状况会有所改善。当我们与学生一起笑时，我们就会与学生建立融洽的关系，增加体内的内啡肽，呼吸更顺畅，让自我感觉更好。真诚的微笑是一剂良药，我们可以与学生分享，学生也将记住这种感觉。如果经常对他们笑，他们也会记得更深刻。

当我教七年级的时候，我设置了一个关于喜剧脱口秀的单元。很多学生想要成为喜剧脱口秀演员，所以我认为我们可以从中获益。我读过喜剧演员写的各种书籍，与学生分享了他们的技巧，帮助学生制定了一套“包袱”。每天午饭后，我都会邀请一个学生来表演一段脱口秀。在《教学小丑（以及他们能教我们什么）》（布尔基，2006年）一书中，作者介绍了使用课堂小丑的幽默方式来促进教学。温泽尔和费米（1999年）发现，“学生对教师幽默取向的感知与学生的学习有显著的正相关关系”。

关于对学生微笑和在课堂使用幽默的技巧，这类资源有很多。我们为什么要以“每日一笑”开始每一天呢？为什么不邀请学生来讲笑话呢？（在某些年级，你可能需要先审查一下）为什么不有意识地在课堂上制造欢笑，让学生捧腹大笑呢？

**本技巧可以应用于：**建立关系、促进教学、规划未来、回应异议、鼓励学生、影响学生、解决冲突。

## 45. 将学习与学生的生活联系起来

关注文化的教育工作者会通过提问帮助学生将他们生活中所知道的知识、生活经历与他们正在学习的内容联系起来（拉德森-比林斯，1994年）。“这些联系是在激烈的课堂讨论和教学互动中建立起来的。老师并不害怕站在学生的对立面，以培养学生质疑可能不准确或有问题的观点的勇气”（拉德森-比林斯，1994年）。安·里维斯老师是拉德森-比林斯研究项目中的一名成员，她让学生画维恩图来表示故事中人物的生活与自己的生活的重合之处。她特地问学生：“你们如何将此与你们的生活联系起来？”我们可以问以下问题：

- “你有哪些与这个话题相关的经历？”
- “想想你和朋友相处的方式，哪些能运用到你的学习中？”
- “你在日常生活中观察到的与我们讨论的内容有关的有哪些？”
- “想想你昨天参加的活动，它们与这次讨论有什么关系？”
- “想想你的家人，你可以在哪些方面运用你所学的知识？”

**本技巧可以应用于：**建立关系、促进教学。

## 46. 让学生设想他们的行为导致的长期后果

作为成年人，我们常可以预测到，学生继续按照过去那种毫无成效的方式思考或行动的话后果会怎样。学生则不会那么容易预见后果。我们可以让学生畅想未来、回顾过去，这样可以让学生更清楚地了解他们行为的长期后果。

有个做教练的朋友就是这样帮助我减肥的。当我们向前看时，很容易继续做我们过去所做的事情。看到我想要的食物，比如一块巧克力，我就会告诉自己，减肥可以明天再开始，于是转身吃起巧克力来。确实，我可以从明天重新开始减肥，但是明日复明日，明日何其多！

我的朋友让我设想一下1年后的未来，回顾过去，我从未做出过集中精力减肥一段时间的决定。啊！然后，她让我设想一下5年后的未来，如果我依然从未下定决心减肥的话，我会是什么样。啊！啊！然后，她带我设想了一下10年后、20年后的未来，直到我生命的尽头，再次回顾过去，如果我依从未下定决心彻底减肥的话，我会是什么样。这次畅想未来之旅是如此让人震撼，以至于我当天立即开始减肥，并且在很短的时间内减掉了11.34千克，创下了我减肥的纪录！

如果学生继续以过去那种毫无成效的方式思考或行动，我们可以通过逻辑推演的方式帮助他们设想未来，直至看到他们的行为导致的长期后果。

- “如果这学期你继续不上课、不交作业，会有什么后果？”
- “如果你还是逃避写论文，对你获得高学位的梦想会有什么影响？”

- “如果你直到100岁都在打人，你会有多少朋友？”
- “如果你将社交生活置于学业责任之前，可能会有什么后果？”
- “如果你大学4年都不交作业，会发生什么？”

**本技巧可以应用于：**规划未来、回应异议、鼓励学生、影响学生、解决冲突。

## 47. 礼貌用语

我们中的许多人从小就被教育要使用“礼貌用语”：经常说“请”和“谢谢”。这两个词语虽小，但作用大。库伊肯达尔（1993年）提出了老师向低年级学生示范礼貌行为的重要性。皮安塔开发了一种工具来衡量“支持性互动的三大领域：情感支持、组织支持和教学支持”（《哈佛教育信函》，2008年）。皮安塔认为：

> 那些能营造积极氛围的老师都尊重学生。当他们与学生交谈时，他们会偏向学生。在交谈前，他们会与学生进行眼神交流，并且喊出学生的姓名。他们语调温柔，用些类似“请”“谢谢”“不客气”表示尊重的词语。他们故意不那么严厉，不让学生感到紧张。当产生冲突时，他们很快就能解决。这种氛围对学习至关重要，并且会让学生有安全感。

在指导博士生的论文时，我给学生反馈时会用心写“请这样做”，而不是直接写“做……”。收到反馈后，学生会积极回复我。我认为我能得到积极回复的一个主要原因是我用了“请”这个字。我还会说，“谢谢你寄来你的论文”。我甚至还会补充说，“阅读你的论文是一种乐趣，你显然在写作中付出了很多努力（如果属实的话）”。

与学生相处时，你能在哪方面说“请”“谢谢”？以下供参考：

- “请按时交作业。”
- “请上课前准备好讨论……”
- “请在工作时顾及周围的人。”

你也可以在学习者做你要求的事情之前或之后说“谢谢”。你可以通过事后说“谢谢”来确认他们做了你要求的事。你也可以通过提前感谢他们将要做的事情，来增加他们做这些事情的可能性。本质上，你是在假设他们会这样做。

- “谢谢你按时交作业。”
- “谢谢你把教室打扫干净。”
- “谢谢你把椅子搬进来。”

**本技巧可以应用于：**建立关系、促进教学、影响学生、解决冲突。

## 48. 假设他们能靠自己做到

有时我们会为了维护自尊将自己的困难和处事能力的缺乏归咎于他人。我们通过归因于外来安慰自己，这事不受自己控制。

当人们觉得自己能力有限时，他们往往会觉得控制权在别人手上。如果你问他们，“你是如何（或曾经）设法做到这件事的？”你就在假设他们确实靠自己做到了。因此，他们有能力通过采取不同的行动来改变现状。

- “我没时间完成作业。”

    - □ “你是如何设法做到的？”
- “因为有冲突，所以我不能来上课。”
    - □ “你是如何设法处理好这种情况的？”
- “我想我做不到。”
    - □ “你是如何设法让人们产生这种感觉的？”

**本技巧可以应用于：**回应异议、影响学生、解决冲突。

## 49. 为糟糕的情况赋予新的意义

我们人类是能创造意义的机器。我们努力让事情有意义，以便理解它们。有时我们所赋予的意义是有益的和富有成效的，但有时它们不是。

出于某种原因，在教育领域，学生可能会认为他们是“失败者”，仅仅是因为他们的课堂表现不能如他们所愿，或者是因为他们没有花时间准备，等等。与其让他们被自己的固有观念限制住，不如让我们帮助学生为这种情况赋予新的意义，以创造新的可能性。

- “我是个失败者。”
    - □ “就因为你父亲住院，你没有时间学习，你就是失败者了吗？”
- “我感觉很糟糕，因为我没能按时完成项目。”
    - □ “你因为优先考虑别人的需要，通过各种方式使他人受益，所以没有时间完成这个项目所需的工作。”
- “我做不到。”

- “也许这意味着你还没时间学习，或是你还未曾想向周围愿意帮助你前进和理解透彻的人求助。”

- “我无法停止思考过去发生的一切。”
  - “怎么样才能让发生的事情成为一份礼物，帮助你从过去中汲取意义，从而在生活中向前迈进呢？”

**本技巧可以应用于：**回应异议、鼓励学生、影响学生、解决冲突。

## 50. 用隐喻描述学生面临的情况

是否曾经有人用隐喻来描述你面临的情况，鼓励并帮助你以一种完全不同的角度来看待这种情况？有一次，我陷入了困境，一位朋友对我说：“这就像你一直在树木茂密的森林里漫步，看不到明媚的阳光和飘浮的云朵，也感受不到温暖的空气。当你沿着小路走出森林时，你会经历什么？”我大受鼓舞，很快找到了摆脱困境的方法！

在迈克卡塞（1994年）的研究中，听到老师隐喻的学生将会花时间去消化，他们在与老师讨论后就能够理解隐喻。另外，他们会将其用于写作。皮尔斯坦（1993年）认为，隐喻可以提高不同背景的学生对讨论内容的理解。迈克卡塞也发现，不同层次的学生会对隐喻产生各种不同的理解，这就加深了他们对所学概念的理解。

你可以像迈克卡塞（1994年）那样鼓励学生在写作中使用隐喻。你也可以在与学生交谈时使用隐喻，使他们能够以各种不同的方式思考。此外，你可以为学生面临的情况创造隐喻，转述他们所说的话。当然，在隐喻中，你需要帮助他们想象他们已经成功了，他们有一个幸福和成功的未来。

- “你的处境就像深陷泥潭，鳄鱼步步紧逼，要咬你的脚。突然，一架直升机飞来将你救出。你觉得怎么样？”
- “这听起来就像你的生活长期笼罩在阴霾中，如今有种拨开云雾见晴天的豁然开朗。”
- “在这个班上，你就像置身于生机勃勃的花园，花儿竞相开放。你只需考虑先挑哪一朵放进你的篮子里。”
- “在这个班上，你就像进入糖果店里的孩子。有很多美味的糖果供你选择！你可以拥有任何你想要的，而且都是免费的！”

**本技巧可以应用于：**建立关系、促进教学、规划未来、回应异议、鼓励学生、影响学生、解决冲突。

## 51. 认知世界的模型

人们有自己的认知世界的模型，并且用它来创造自己的现实。我几乎每天早上都去上普拉提课。一天早上，一位同学进来说：“今天早上在上普拉提课之前，我骑着自行车到了卑尔根山顶。”这与我认知世界的模型完全不一致，因为我压根不会为了好玩而在早上骑着自行车去山顶。在我认知世界的模型中，这完全是件苦差事！还有一位女士，她每天大约要跑8公里山路来上课，风雨兼程。还有一些人无法想象定期参加普拉提课程，更不用说锻炼了。

每个学生有着不同的认知世界的模型。我们可以帮助学生意识到，他们的感知只是认知世界的模型——不是现实，不是事实，也不是真理。人们用不同的方法看待世界，从而形成不同的认知世界的模型。我们可以运用以下句子帮助学生理解这个技巧：

- “你有没有想过，你可以在工作时间与邻居交谈，同时也能学到朝下一步目标迈进所需的知识吗？”
- “所以在你的认知世界的模型中，你是这样理解的。”
- “到目前为止，根据你的经验，你可以在不上课的情况下通过课程考试。由于这门课似乎比你过去上过的其他课要更难，那你认为什么能帮助你在这门课上取得好成绩？”
- “你有没有想过，学习的唯一途径就是读书？”
- “你有没有想过，赢得老师关注的唯一方法是不按顺序发言？”

**本技巧可以应用于：**回应异议、影响学生、解决冲突。

## 52. 有意为事物重新命名

我们用来命名一天中各种时间和活动的词语暗示了各种条件和情况，为活动定下了基调。让我们考虑其中的一些短语：

“消磨时间”这个词在暗示什么？学生在课间转悠。有哪些词可以用来替代它？“孵化时间”。这个词意味着学生能够思考他们所学并产生更多新想法。当学生去学校的其他地方时，我们可以在“孵化时间”开始时就向他们提出需要思考的问题。当他们到达时，我们可以邀请他们与其他同学分享想法和见解，然后向整个班级汇报。

课间休息在暗示什么？学生暂停写作业，放松身心，和朋友聊天。我们常说我们需要休息。身体会如实反映我们的想法。显然，我们并不想向身体发出任何需要休息的信号，因为这可能会让我们真的得休息一下，比如，让我们摔断腿、摔断胳膊等。有哪些词可以用来替代它？“休养生息”。它可以暗示学生为了学习到更多知识而放松身心。“充电”一词可以暗示学生稍微休息一下会能量更充沛。

当学生跑出教室外玩耍时，我们称之为“课间休息”。这个词语在暗示什么？学生暂停课堂学习并外出休息。有哪些词可以用来替代它？“和朋友一起玩”。这个词语把重点放在玩和与朋友相处的过程上。“跑步和跳跃”意味着他们正在积极地运动。“呼吸新鲜空气”意味着他们在外面，用新鲜的氧气来提神。“孵化我们正在学习的内容”意味着学生在操场上学到的更多。

“家庭作业”意味着什么？学生在家中做作业。我们中的许多人从小就不得不做家庭作业，这个经历并不愉快。“作业”通常暗指那些在做自己喜欢的事之前需要完成的有难度的事。可以用哪些词语来代替它？“在家玩”这个词怎么样？还有一些其他选择，比如，拓展所学、运用所学、活用知识、扩充知识、应用今天所学等。

你还可以选择重新命名一天中的哪些时段？也许你甚至可以邀请学生想出新的名字，并且确定各种重新命名的名字背后的前提。

**本技巧可以应用于：**促进教学、影响学生。

## 53. 学习小组

根据拉德森-比林斯（1994年）的说法，“文化相关教学提倡一种合作，这种合作会让学生相信，如果得不到他人的帮助或不帮助他人，他们就无法取得成功”。

我们可以让学生成为他人的“学习伙伴”。科斯特和盖姆斯顿（2002年）探讨了帮助人们建立相互依存的关系的重要性。当学生来问教师问题时，教师也可以让学生去请教其他学生。拉德森-比林斯认为，在学生得到他人的支持时，“学习小组”会成为街头帮派的可行替代品。通过承认个体有资格成为一个支持性的和充满爱的群体的一部分，自我价值和自我概念以一种非常基本的方式得到提升。（1994年）

老师可以问学生以下问题：

- “你能用所学帮助谁？”
- “你能和谁分享这些见解？”
- “谁还能从你如此努力习得的知识中获益？”
- “你能向谁寻求帮助？”

**本技巧可以应用于：**建立关系、促进教学、规划未来、回应异议、鼓励学生、影响学生、解决冲突。

## 54. 告诉学生下一步的学习计划

我们都希望自己拥有预测未来的超能力，以确切地知道自己的人生和这个世界下一步的方向。至少，我们可以帮助学生明晰他们行为背后的动机，了解他们的下一步学习计划。

我的普拉提老师有时会解释说，“你做这个动作是为了下一个新动作做准备”，她同时示范了这个新动作。她在引导我们畅想未来，让我们去设想那些我们一度认为自己做不到的事情。她会先教我们一个动作，然后示范三到四个改进动作，我们身体变强壮之后就能做到这些改进动作。而观看她示范时，我们被这些动作的难度震惊到了。她指出，几天或几周后我们也能做到。后来我们真的做到了。以她的例子为模版，教师可对学生展开的表述如下：

- “当你做这些数学题的速度越来越快时，你将很快能够又快又好地完成诸如此类的数学难题。（在黑板上写上一道，这道题学生目前还不能很快解答）”
- “今天我们将学会做这道题。明天我们会在此基础上用更复杂的方式解决这类问题。”
- “我会向你们展示你们下一个学年即将阅读的书籍类型。今天我们阅读这些书籍是为了让你们明年能看懂那些书籍……甚至比明年更早！”
- “明年你们将要写研究论文。我们今天所做的事是为其做准备的。”
- “这是我们今年的计划。每人都有一份。在今年一年的学习过程中，你们将掌握这些技能。”

**本技巧可以应用于：**促进教学、规划未来、鼓励学生、影响学生、解决冲突。

## 55. 以“我不会告诉你”开头

前面提到过，大脑倾向于删除“没有”和“不”等词语（霍尔，2004年）。你可以用“我不会告诉你”来开始一个句子，以帮助学生内化其后的内容。学生会听到“我要再告诉你”，但是他们不会因此而抵触，因为我们什么也没告诉他们。我们还可以强调其后的句子：

- “我不会告诉你，你应该学习。只有当你想把知识内化，以便将来使用时，你才应该学习。”
- “我不会告诉你，这些知识会有益于你日后生活中的方方面面。你能自己发现这一点。”
- “我不会告诉你，你将从今年的学习中受益良多。你会在应用所学时发现这一点。”
- “我不会告诉你，这将是你待过的最好的班级。我会让你自己发现的。”

**本技巧可以应用于：**促进教学、回应异议、影响学生、解决冲突。

## 56. 注意到学生做得好的地方

你可以指出学生做得好的地方及他们成功的地方。你可以说“我注意到……”，或者是只说“你做了……”。但是，这样说的基本原则是不要强调教师主观的感受。你也可以说“我注意到你做了……”。当我们注意到学生做得不错的时候，明确而非笼统的表扬对他们很重要（梅伊等，1979年）。

- “我注意到你起来后将椅子推了进去。”
- “我注意到你帮助了朋友。”
- “我注意到你快速完成了任务。”
- “我注意到你准时交了作业。”

- “我从你脸上的笑容中注意到，你很喜欢这个项目。”

**本技巧可以应用于：**建立关系、促进教学、回应异议、鼓励学生、影响学生。

## 57. 用一句简单的话帮学生重新思考

当我们感到困惑和气馁时，我们倾向于关注内心，不希望有人告诉我们该做什么，也不希望别人对我们评头论足。

学生常常会茫然、沮丧。他们甚至会认为，他们做不好作业、不能好好学习、没办法付诸行动。老师可以用一句简单的话帮助他们重新思考，帮助他们站在不同的角度去看待问题（霍尔，2004年）。

- “你是怎么学会那样看的？”
- “你是如何那样组织想法的？”
- “当你做出改变后会怎样？”
- “一直都这样？”
- “告诉我什么时候不是这样。”
- “你生来就是这么想的吗？”

**本技巧可以应用于：**回应异议、鼓励学生、影响学生。

## 58. 让学生明白自己对成功的感受最重要

你曾经因出色地完成任务而听到他人对你说“我为你感到自豪”吗？也许你当时并没有说什么，但你可能会想“你为什么要自豪？我才是那个该自豪的人!”但你还是会接受他的表扬。

老师们可能会说“我为你感到自豪！”“我真的很喜欢！”“你的成就让我很高兴！”或“你所做的一切让我很满意！”以上这些话虽然本意是好的，但都意味着学生正在努力取悦他们生活中的成年人，而不是他们自己。学生通常想取悦成年人，这样的陈述表明，他们成功的感受对他们自己并不重要。如果他们碰巧没有成功，他们知道这可能会让成年人感到失望。

当学生成功时，请成年人试着这样对他们说：

- “成功的感觉一定很好吧！”
- “你一定对自己所做的感到非常满意吧！”
- “你脸上的笑容表明你对自己取得的进步感到非常满意！”
- “你看起来对自己的成功很满意！”

**本技巧可以应用于：**建立关系、促进教学、鼓励学生。

## 59. 准确、有效地转述学生说的话

我们可以通过转述学生说的话来向他们表明我们正在倾听。根据科斯塔和加姆斯顿（2002年）的观点，这种做法向学生表明，我们理解他们在说什么，或者我们至少正在尝试理解。萧润妍（2001年）建议，当老师邀请学生分享他们要写的故事并真正听他们讲故事时，学生将能够更容易地写作。我们怎么知道我们的交谈对象真的在听我们说话呢？有多少人在真正倾听我们说的话并花时间转述？我们可以把这个技巧作为礼物送给我们的学生。

埃里森及其同事（2008年）建议，当一个人说完话后，对方要在提问前进行转述。他们还探讨了将人们的情绪及他们所说内容匹配起来的重要性。如果有人生气并大声说话，那么转述的人也应该表现出愤怒并大声说话。如果转述的人用柔和的声音进行转述，那么这与被转述者的愤怒情绪不匹配，被转述者可能感受不到“被有效倾听”。科斯塔和加姆斯顿（2007年）确定了三种类型的转述：告知和澄清、总结和规划，以及转移概念焦点。

### ☑ 告知和澄清

在告知和澄清类的转述中，你要像镜子一样陈述对方说的话。埃里森及其同事（2008年）建议，避免使用“我”这个字，因为它会把注意力拉回到你身上，而不是放到对方身上。你可能还想避免使用20世纪70年代流行的短语“我想我听到你说的是……”，因为它往往被过度使用，可能会给人一种不真诚的感觉。以下是一些告知和澄清类转述的例子：

- “你今天很难过，因为你的沙鼠死了。”
- “你对自己在学校做的工作感到非常满意。”
- “你觉得你正在变革你的项目。”

### ☑ 总结和规划

用总结和规划类转述将人们的话分类（科斯塔和加姆斯顿，2002年）。这种方法将想法置于一个“容器”中，有利于那些习惯常规思考的学生。最近我和学生讨论她的论文，她觉得她有很多想法，但是不知道从哪儿着手。听完她的想法后，我总结了一下，她大致有两种想法。

我根据自己的理解说："你基本有两个想法：X和Y。你要做的是决定先做哪个。"我希望能有个相机来记录这一刻！她高呼："你说得对！我确实是要做出选择！"以下是总结和规划类转述的例子：

- "首先，你计划做X，然后再做Y。"
- "一方面，你想出去玩，另一方面，你真的很想待在家里完成你的作业。"
- "你已经为你的项目找到了三个想法，你想选出一个最有趣的。第一个想法是X，第二个想法是Y，第三个想法是Z。"

## ☑ 转移概念焦点

当你帮某人转移概念焦点时，你会把他们带到更高或更低的抽象层次（科斯塔和加姆斯顿，2002年）。你帮助他们看到对观察者来说显而易见的东西，尽管被观察者也可能毫无察觉。你可以通过转述唤起学生的短期和长期目标、更高远的目的、身份认知、价值观、信仰、观念或假设。将焦点转移到更高的抽象层次的转述如下：

- "所以你的目标是……"
- "所以你的近期目标是X，你的长期目标是Y。"
- "所以你正在追求的更高远的目的或使命是……"
- "所以你是一个和平缔造者。"
- "你认为自己是一个成功的人。"
- "你的价值观是……"
- "你坚守的信念是……"
- "所以你讲的是XX（概念）。"
- "你持有的假设是……"

将焦点转移到较低的抽象层次的转述可能如下：

- “所以你不是在说XX。”
- “你正在谈论的一个例子是XX。”

**本技巧可以应用于：**建立关系、促进教学、规划未来、回应异议、鼓励学生、影响学生、解决冲突。

## 60. 用过去时态陈述学生的问题

我们都会遇到问题，关键是要解决它们，克服它们，然后继续前进。我们可以用语言帮助学生意识到，他们也可以自己解决，然后继续前进。

当学生用现在时态陈述问题时，暗示他们一直有问题，持续有问题，并且将永远有问题（安德瑞，1992年），不存在改变的可能性。他们可能会说：

- “我有这个问题。”
- “我不能做……”
- “我就是这样。”
- “我总是很生气。”

我们可以用“曾经”“过去”这两个词来将学生认为自己遇到的问题放过去。我们可以这样回复：

- “所以你曾经有过这个问题。”
- “过去你觉得你不能做……”

- “过去，你曾经意识到自己就是这样。当你改变对它的想法后，会发生什么？”
- “所以你那时很生气。”

我们可以用“曾”表示“你做了……”。这就将行动置于更远的过去：

- “你曾有过那个问题。”
- “你曾认为你不能做……。”
- “你曾觉得你就是那样。”
- “你曾感到很生气。”

**本技巧可以应用于：**促进教学、回应异议、鼓励学生、影响学生、解决冲突。

## 61. 请学生分享自己是如何得出“感知”结论的

我们都会用不同的方式得出对我们而言已成为现实的结论。一个人看到的现实不一定是真相，另一个人看到的现实也不一定就是真相。在2006 年假期，丹佛地区遭受了几场60.96~91.44厘米深的暴风雪。丹佛国际机场多次关闭，人们对此的看法大相径庭。有些人接纳了积雪，他们外出散步、雪中嬉闹、玩得很开心。而那些前往外地看望亲人的人不得不在机场过夜，他们并不开心。摩托车驾驶员为此感到愤怒，因为他们觉得扫雪机清扫道路的速度不够快。由于对待积雪的不同态度，人们对这个情形有着不同的看法。每个人都创造了自己的现实，从而产生了各种情绪，包括愤怒、厌恶、幸福、兴奋等。

当学习者得到的观点对他们来说似乎是真实的，但从长远来看可能对他们的学习不利时，邀请他们分享自己是如何得出这种看法或观点的。你可以用“认为”“感觉”“解释”“标签”“分类”“似乎”等词来代替“感知”。你可以帮助学习者看到，由于他们认为的“真理”实际上只是一种“感知”，所以他们可以决定以不同的方式感知事物来改变他们的感知。

我们通过感知事物的方式及我们对自己感知事物的描述来创造现实。当人们将事物视为麻烦时，他们通常是通过一个特定的认知世界模型来看待它们的（霍尔，2006年）。人们倾向于根据他们认为唯一正确的看待事物的方式来做出决定。当你暗示学生要为自己的感知负责时，你就让他们有了选择其他感知的可能。

- “你基于什么假设解读她的行为？”
- “所以对你而言，你在这个时间点将它标记为一个问题。”
- “到目前为止，你对这种情况有什么看法？”
- “你是如何得出这种看法的？”
- “是什么让你形成了这种观点？”
- “你是怎么知道如何将其视为一个问题的呢？”

**本技巧可以应用于：**回应异议、影响学生、解决冲突。

## 62. 将大任务分解成多个小任务

学生可能完全有动力去完成一项任务，却不知道从何入手。因此，当他们没完成任务时，他们可能并不是故意完不成，只是不知道如何完成而已。

多年前，我学会了将大任务分解成可快速完成的小任务。我父母每年都会来科罗纳多州看望我和我的丈夫。通常有客人来访，我都会清理他们要入住的房间的衣橱，然后将这个房间的东西放到另一间卧室的床下。你能想象出来，我们家并不那么整洁。

我父亲告诉我，我的房子一团糟，我不得不打扫。不用说，我感到非常沮丧。我拿出一支铅笔和一张纸，开始写一份待办事项清单。我发现"打扫前卧室"是项大工程，所以将它分解成更小的工程，例如，"打扫前卧室的衣橱""打扫前卧室的床底"等。我对房子里的每个房间都做了标记。当我完成这份清单时，我发现自己有45项任务待完成。由于我是小学老师，而且是夏天，所以我决定每天完成一项任务。每完成一项任务后，我都会出去慢跑或做一些对我来说很有趣的事情。不知不觉中，我开始能够享受"快乐休息法"，这是正是麦吉-库珀（1992年，1993年）推荐的方法。

"怎样吃下一头大象？"的答案当然是"一次咬一口"。在你决定咬哪里后，记下每项任务大约要花多长时间非常有用。如果任务花费很长时间，你可以写下每天你愿意花多长时间在这项任务上。结果是，即使你有一长串的任务，哪怕只有十分钟时间，你也会觉得你能完成你想要完成的任务。如果任务有长有短，你可以根据自己的精力将它们交叉进行。

规划的最后一步是排列"吃大象"众多步骤的大致顺序。你最有精力做什么？哪个步骤是其他步骤的前置步骤？也许你会先攻克小任务，也许你会集中注意力于某一个步骤直到完成。看到自己迅速而轻松地完成每一项任务，并且对于自己朝着目标迈进的速度之快而感到兴奋，这对你完成任务很有帮助。

麦吉-库珀（1993年）提出了大量让规划变得有趣和愉快的建议。1990年夏天，当我和她一起实习时，我就被她记录“待办清单”的红色记事本给吸引住了。她说红色给她能量。自那以后，我也有了红色记事本。她也提出了许多右脑组织策略，例如，使用便利贴和彩色标记，同时完成多项任务，知道花很多时间做什么，花更少的时间做什么，以及其他让计划变得有趣的策略！

**本技巧可以应用于：**促进教学、规划未来、鼓励学生、解决冲突。

## 63. 指出学生的进步之处

我们都希望别人注意到我们正在学习什么，我们是如何改变的，以及我们正在取得的成就。我的普拉提课老师经常评价我们在课上的进步。她提到我们几周前的样子和现在能达到的程度，类似的评论如下：

- 还记得几周前，你还不能做这个动作吗？现在你能轻松完成！
- 看看你们变强大了多少？还记得你是什么时候觉得这个动作很难的吗？

金斯伯格和沃洛德科夫斯基（2000年）探究了学生自觉能够胜任所学的重要性。金斯伯格（2004年）认为，教师可以使用“帮助学生真实地识别他们所知道的和所能做的事情，并且给学生一种希望感”的技巧。她总结了一些策略，如使用红字提示，邀请学生自评，向学生阐释他们当前所知。想想以下表述：

- “想想一年级时你阅读的书籍类型，你能想象你会读这么厚的书吗？”
- “你还记得你第一次学习地球相关知识是什么时候的事情吗？现在你都可以标注出全球各地的国家了。”
- “回想一下学年开始时，那时你还不知道怎么写字。现在你可以用楷体写字，并且每天都在精进！”

**本技巧可以应用于：**促进教学、回应异议、鼓励学生、影响学生。

## 64. 让学生站在不同的角度看问题

你去过大型体育馆吗？当你走进去的时候，映入你眼帘的是什么？当你走到体育馆的另一端，再回头时，又能看到什么？如果你能走到高处，你又会获得什么样的不同视野？如果你坐飞机从体育馆上空飞过，你又将会有怎样的体验？

当人们茫然时，常常是因为他们只从一个角度看问题。我们可以帮助学生从不同角度看问题（迪尔兹和德罗伊，2000年）。我们可以让学生设身处地地站在别人的角度看问题。学生也可以从不偏不倚的中立观察者的角度看问题。还有另外一种可能，学生可以站在更高的位置上，以获得不同的视野。以下表述可以帮助学生站在别人的角度看问题：

- “如果你是你的母亲，你会怎么评价这份工作？”
- “假设你是你的朋友，你现在可能在想什么？你可能想说什么？”
- “设想一下，你是你朋友，看着他的眼睛，感受他现在的感受。你对朋友现在可能想从你这里得到什么有什么看法？”

以下是一些帮助学生以中立观察者的角度看问题的陈述：

- “当你在自己和朋友之间不偏不倚时，在两个人的互动交流中你能发现什么？”
- “站在中立观察者的立场上，你可以收集到哪些新的见解？”
- 我们还可以邀请学生去更高的位置，以更广阔的视野来审视自己和对方：
- “如果你走到更高的位置上，观察你和朋友之间的对话，你会给朋友什么建议？你会给自己什么建议？”
- “站在更高的位置上向下看，当两个人交流互动时，你可能会注意到什么？”

**本技巧可以应用于**：促进教学、规划未来、回应异议、鼓励学生、解决冲突。

## 65. 用积极的词语与学生交流

我们使用的词语既可以鼓励和吸引学生，又可以打击或疏远学生。以下这些词语让你感觉如何？

- 差
- 困难
- 艰苦
- 失败
- 限制

- 被忽视
- 没有
- 不堪重负
- 问题
- 错误

相比之下，下面这些词语又让你感觉如何？

- 好奇
- 发现
- 有效
- 探索
- 幸福
- 快乐
- 向前迈进
- 可能性
- 潜力
- 机会
- 选择
- 资源

选择那些你用心思考后与学生互动交流的词语，这些词语可以鼓励他们更加努力学习。你也可以讨论学生使用的词语对自己和对他人的感受的影响。

**本技巧可以应用于：**建立关系、促进教学、规划未来、回应异议、鼓励学生、影响学生、解决冲突。

## 66. 假设学生可以做到……

你还记得孩子玩的“假装”游戏吗？让学生发挥想象力，假设他们能做到一些目前还做不到的事情。

如果学生说他们做不到某事，或者他们不知道该怎么做，你首先要确保你已经彻底解释了如何做这项任务，并且回答了他们的所有问题。如果你发现他们的迟疑不决不是由于缺乏指导，而是由于他们不愿意尝试新事物，就可以建议他们假设自己能做到。通过让他们在脑海中构想自己已经成功实现远大抱负的画面，帮助他们以未想过的方式前进。如果学生说“我做不到”，老师可以采取以下回复：

- “假设你能呢？那会是什么样子？”
- “假设你能做到那样。你可能在做什么？”
- “假设你可以做到，你的第一步可能是什么？”
- “假设你能做到，你会做什么？”
- “假设你能做到，它会是什么样子？你会看到、听到和感觉到什么？”
- “假设你能做到。你会通过做什么来完成它？”

**本技巧可以应用于：**促进教学、规划未来、回应异议、鼓励学生、影响学生、解决冲突。

## 67. 用吸引学生提问的方式提问

我们都有过这样的经历：即使我们有问题，也会因为别人询问我们是否有问题的方式而选择拒绝提问。这有可能是因为那个人的语气，或者是因为那个人提问的方式。

我们向学生提问的方式也决定了我们吸引学生还是疏远学生。很显然，我们想要以吸引他们提问的方式提问，并且想要让他们感到舒适自在。我们希望他们知道，他们的问题既是受欢迎的，也是受重视的。

格林德（1995年9月）建议，在让学生提问时，教师应该站在远离其提供信息的地方。因此，你可以选择站在某个特定地点时，向学生表示他们可以提问。你也可以使用平易近人的声音、点点头或句尾语调上升的方式。此外，你也可以选择掌心向上，邀请学生提问。

以下是一些有吸引力的提问方式：

- “对于我们刚刚介绍的内容，你们还有哪些问题？”
- “当你思考我们正在讨论的内容时，你们还有什么不明白的地方？”
- “对于所学内容的运用，你们有什么疑问？”

以下是一些缺乏吸引力的提问方式：

- “谁有问题？”
- “有什么问题吗？”
- “有人有问题吗？”

**本技巧可以应用于：**建立关系、促进教学、解决冲突。

## 68. 启发性问题

每天我们都会在新闻中听到各种问题：“这种趋势会继续吗？”“他

有罪吗？”“接下来会发生什么？请继续关注。我们明天会给出答复。”无论我们回答与否，我们都无法避免直面这个问题。我们不得不把这个问题内化，并且试图回答它。

最近，一个朋友问我：“你最喜欢现在正在做的事情中的哪一点？”霍尔（2004年）认为，每个问题都有导向性，会引导听者去思考。通过问题，我们将获取学生的经历和资源。另外，通过问问题，我们建立和深化了与他们之间的关系，启发他们以新颖独特的方式处理信息。

向学生提问的目标可能是找出他们已经知道的内容，他们想知道的内容，以及他们还没有完全理解的内容。我们还可以通过提问来帮助他们更准确地使用语言，以及扩展思维（科斯特和格姆斯顿，2007年）。

科斯特和格姆斯顿（2007年）提出了运用启发性问题来调他人思维的七种策略。这些策略包括使用平易近人的嗓音、使用复数、使用试探性语言、使用积极的假设、提出开放式问题、使用暗含认知行为的词语、注重人的内外感受。

## ☑ 使用平易近人的嗓音

格林德（2007年）提出，世界上存在两种嗓音：一种是平易近人的嗓音，另一种是稳重的嗓音。当人们用平易近人的嗓音说话时，头部会上下移动，导致音调上下移动。当我们使用平易近人的嗓音提问时，手掌通常会朝上。当我们与幼儿交谈时，我们倾向于经常使用这种嗓音，以建立融洽的关系，并且表明我们平易近人。女性通常比男性更倾向于使用这种嗓音。当人们用稳定的嗓音说话时，他们的头部会保持静止，手掌通常朝下。在句末，他们的头部倾向于向下移动。手掌通常朝下是因为他们这样说话时也表示正在发送指令。因此，他们表现得似乎对自己所说的了如指掌。

### ☑ 使用复数

科斯特和格姆斯顿（2007年）也建议，我们提问时要使用复数。如此一来，我们与学生交流时有很多答案是正确的，只有一个答案是不对的。如果有人问你“你的目标是什么”，你会有什么反应？你可能会开始搜寻答案。前提是你得有个目标。当被问及“你的目标有哪些”，你又会有什么反应？显然，这样问表明你不止有一个目标，还有其他更多目标。有很多答案可选，不论你给出哪个答案都可以。从心理学上讲，这个问题使大脑感到足够舒适，可以思考多个目标。

### ☑ 使用试探性语言

科斯特和格姆斯顿（2007年）还建议，我们在提问时使用试探性语言，比如“可能”“可能是”“可能性”“有可能”“预测”之类的词，可以进一步让对方放松，增加对方回复的可能性。我们可以将试探性语言和复数结合起来，让人们知道可以给出多种答案，任何一种回复都是可以的。

- “你的目标可能有哪些？”
- “你的目标可以是哪些？”
- “你可能有哪些目标？”
- “你预测你会完成哪些目标？”
- “有哪些可能的目标？”

想想以下问题之间的差异：

- “你的想法是什么？”（单数）
- “你有哪些想法？”（复数）
- “你可能有哪些想法？”（复数和试探性语言）

### ☑ 使用积极的假设

假设是我们所问问题中隐含的事实。每个问题都包含假设。拉德森-比林斯（1994年）指出，伊丽莎白·哈里斯每天开始上课时都会问她的二年级学生：“我们今天想做到最好的事是什么？”。她这个问题的假设是，班上所有学生都有意愿在某方面做到最好。唯一的问题就是决定做什么。当一天的教学结束：

> 每个学生都有机会描述他在一天中获得成功的原因。学生在描述成功的同时，会反思在哪些方面他们可以做得更好。哈里斯总是告诉学生，他们都很棒。

以下问题的前提是什么？

- “你从事这项工作多久了？”（此人正在从事一项工作，并且已经从事一段时间了）
- “你什么时候开始工作？”（这个人没有工作，可能很快就会开始工作）

你可以有意识地将积极假设嵌入问题中，以此来暗示与你交谈的人的睿智和考虑周到。积极的假设，以及复数和试探性语言用在一起，可能如下：

- “你预测有哪些目标可以帮助你以令人兴奋和富有乐趣的方式迈向未来？”
- “你有哪些想法能够帮助你和队友创造性地、愉快地按时完成课题？”
- “既然你想要出色地完成工作，关于如何开展课题你有何想法？”
- “在你考虑你要做什么时，有哪些可能的开始方式？”
- “根据你对该主题的了解，在开发项目时，你会考虑哪些方面？”
- “作为训练有素的专业人士，你对所学内容有什么看法？”
- “作为一个对待各种情况都能考虑周到的人，对此你能做何联系？”

## ☑ 提出开放式问题

科斯特和格姆斯顿（2007年）建议提出开放式问题，以便有可能得到许多答案。他们建议用“疑问句，而不是动词”开始提问，例如，“你在想什么？”与“你想过……吗？”。

## ☑ 使用暗含认知行为的词语

你可以使用引导人们以特定方式思考的词语。科斯特和格姆斯顿（2007年）建议可以使用的暗含认知行为的词如下：

输入：回想、定义、描述、区分、命名、列表。

加工：比较、推断、分析、排序、综合、总结。

输出：预测、评估、估计、想象、展望、假设。

不要说“跟我说说这个故事”，你可以说“请描述故事中事件的顺序”。不要说“请告诉我故事可能的结局”，你可以说“你推测故事会如何结尾”。

### ☑ 关注内部和外部内容

科斯特和格姆斯顿（2007年）认为，我们可以引导学生思考对他们来说属于内部的内容及外部内容。他们提出了对教育工作者有益的五种心理状态：意识、工艺、效力、灵活度、相互依赖。

帮助学生关注内部内容的例子如下：

- “当你很快完成任务时，你注意到了哪些感受？”（意识）
- “你会用哪些策略和流程来达成目标？”（工艺）
- “在过去，你成功做到这一点的次数有多少？”（有效性）
- “你可以使用多少种不同的策略来完成任务？”（灵活性）
- “当你启动这个新项目时，你可以向谁寻求帮助？”（相互依赖）

我们也可以问学生关于外部内容的问题：

- “为了完成本单元的任务，你可以利用哪些资源？”
- “你将如何比较故事中两个主要角色的性格特质？”

### ☑ 需要避免的问题的类型

科斯特和卡里克（2008年）建议，不要问以下类型的问题：

- 验证式问题，老师和学生都知道问题的答案："美国首都是哪里？"
- 封闭式问题，学生只能回答"是"或"否"："你能告诉我XX吗？"
- 疑问式问题，问题中包含了答案："五小时的轮班持续多久？"
- 防御式问题，学生需要为自己辩护："你为什么不知道答案？"
- 协议式问题，老师寻求学生同意："你同意我的观点，不是吗？"

**本技巧可以应用于：**建立关系、促进教学、规划未来、回应异议、鼓励学生、影响学生、解决冲突。

## 69. 用"改善"代替"改进"

当我们要求学生改进论文时，我们在暗示什么？我们在暗示他们论文写得不好。当我们要求学生改善论文时，我们在暗示什么？我们在暗示他的论文写得已经不错了，甚至还能更好。

当我们评价学生的作业时使用"改善"代替"改进"。这样你就是在暗示学生，他的作业已经完成得够好了。尽管事实并非如此，你也可以鼓励学生，这样他就更有动力做出你建议的改变。

- "请改善你的作业。"
- "你能根据这些建议改善这个项目吗？"
- "我想知道你对改善作业有何想法和建议？"

**本技巧可以应用于：**建立关系、促进教学、鼓励学生。

## 70. 重构学生的质疑

你是否曾对做某事感到困惑，一旦你改变了看待它的方式，困惑就会消失？提出异议的学生可能会关注一些更小的问题或更大的问题。无论哪种情况，我们都可以通过改变他们围绕问题的框架的大小来帮助他们以不同的方式看待问题。如果他们有一个小框架，我们就帮助他们在他的小框架边上设置一个大框架。如果他们有一个大框架，我们就帮助他们设置一个小框架。这被称为“重构”（邦德勒和格林德，1982年）。

无论是油画、照片还是海报，这些图片看起来不同，是因为放在它们周围的框架不同。儿童书籍《变焦》（巴尼亚伊，1998年）就是关于重构的很好的例子。摄影师以近距离拍摄鸡冠开始，接下来的每张照片中，镜头逐渐拉远，照片中加入更多的内容，框架也在逐渐变大。本书末尾的画面就定格在地球之外看地球。

以下是一些将学生的质疑从小框架变为大框架的例子：

- “我看不出来我将来怎么能用得上这个。”
    - □ “从现在开始，想象你的未来。当你走向未来的5年、10年，甚至15年，在生活的许多不同背景下看待自己时，你可能会注意到你正在将你所学到的一切应用在哪些领域？”
- “我今天没有足够的时间做这项作业，因为放学后我有个约会。”
    - □ “从整个星期来看，你什么时候能抽出一些时间来做这件事？”

在其他情况下，学生可能只看到任务的整体，他们需要注意其中更小的任务节点，这样他们才能有完成任务的信心。你是否曾觉得一项任务过于艰巨，难以应对？只要一想到要做这件事，我们就会赶紧找别的事情做。

当学生准备写论文或开始一个大型课题时，他们可能会感到不知所措。一位博士生说，她的论文看起来就像一座爬不完的大山。这种看待论文的方法让她变得麻痹，甚至产生恐惧和绝望。结果，她始终没能开始动笔写论文。我引导她“炸毁”脑海中形成的“论文大山”，然后从瓦砾中一次捡起一块石头，从而帮助她构建出一个小框架。

我对写大论文的学生常用的策略是，让他们通过头脑风暴找出论文中涵盖的各个部分。然后让他们将这些内容键入电脑，各个主题用分页符隔开。我跟他们开玩笑说，这样论文基本已经完成了——他们要做的就是填空。他们可以一天做一个部分。在他们还没意识到之前，他们就已经完成了。

下面是一些将学生的质疑从大框架变为小框架的例子：

- “这看起来像一座山！我永远做不完！”
    - □ “在完成它的过程中，你会把它分成哪些部分？”
- “这是一项艰巨的任务。感觉真的很难！”
    - □ “让我们头脑风暴一下你即将可以做的一些较小的任务。”

**本技巧可以应用于：**促进教学、规划未来、鼓励学生、影响学生、解决冲突。

## 71. 帮学生识别他们可以获取的资源

你是否曾经觉得自己无法完成一项任务，但如果你有更多的资源的话，你就能完成它？尽管如此，你仍然不确定需要什么资源或从哪里获取。当学生觉得茫然，他们通常会觉得自己缺乏资源。我们可以帮助他们识别那些一直就可以获取的资源。他们有哪些直到现在才意识到可以获取的外部和内部资源？你可以给学生指出具体的资源，你也可以通过问以下问题来引导他们发现那些可以获取的资源：

- “我想知道你还需要获得哪些资源才能帮助你完成这个项目。”
- “当你环顾办公室时，注意到那些具有强大资源的同事时，你会先寻求谁的帮助？”
- “你可能获得什么样的内外部资源，使你能够快速、舒心地完成该项目？”
- “当你想到图书馆里丰富的资源时，你可能会首先访问哪些数据库？”
- “我想知道你是否已经认识到你拥有的所有内在资源，这些资源是你过去在其他情况下成功使用过的。”
- “你现在是否很好奇，在实现令人兴奋的目标的过程中，你有多少资源可以利用？”
- “你有没有注意到，你一直以来都有足够的能力，可以帮助你实现目标？”

**本技巧可以应用于：**促进教学、规划未来、回应异议、鼓励学生、影响学生、解决冲突。

## 72. 让学生复习、复习、再复习

有个老笑话：一个年轻人在纽约的大街上拦住了一个路人，问道："怎么去卡内基音乐厅？"这一个路人以为这个年轻人想在这个受人尊敬的音乐场所演奏，于是回复道："练习、练习、再练习。"

我们要怎样帮助学生学习？复习、复习、再复习。有多少次我们想，"我说了这些，但他们没有学会！他们一定没有听。他们应该知道，因为我说过一次。"事实上，尽管当我们成年后上课时，我们能听到授课者讲的每句话吗？在学习场所我们从未分过心吗？当然，我们的大脑就和学生的大脑一样运转。当老师重复概念、复习知识点时，他们正在帮助我们加深学习。我们如何让学生学习？复习、复习、再复习！

**本技巧可以应用于：**促进教学、解决冲突。

## 73. "多说一点"

当人们以温和询问的嗓音提问会如何？"请多说一点""请帮助我理解你这样做的原因""谈谈你对XX的想法"这类问题往往很温和，能得到被提问者深思熟虑的答案。

"请详细说明。"

"告诉我们更多内容。"

"请继续。"

"请多谈谈你的看法。"

**本技巧可以应用于：**规划未来、回应异议、解决冲突。

# 74. 帮助学生自我评估

你还记得上学时从老师那儿拿到的已批改的试卷吗？你会怎么处置它们？你会把它们带回家珍藏吗？或者除非你需要订正它们，否则你更愿意把它们扔进最近的垃圾桶吗？如果那样做，老师所做的所有努力都白费了。你有没有看到过你的学生一拿到你认真批改的试卷就扔进垃圾桶的情形？或者你有没有在公交车站的地上捡到过学生扔掉的试卷？

作为老师，我们往往会把大部分时间花在批改学生的作业上。我们为什么要这样？当学生评估他们自己的作业时，不仅有助于我们，而且教会了他们采用另一种观点思考。教师可以使用如下表述帮助学生自我评估或相互评估：

- “圈出三个你喜欢的例子，并且勾选三个你下次可能会采取不同做法的例子。”
- “写下三句表明你喜欢这项工作的话，写下三句表明你下次想改进的话。”
- “填写说明，为作业的每个标准勾选一到四个选项。”
- “在你最喜欢的三个项目旁边画一张笑脸，并且在你可能想更改的三个项目下面划线。”
- “与邻座交换试卷，用红笔写评语。”
- “与邻座讨论你喜欢的论文中的关键点及下次需要改进的关键点。”

**本技巧可以应用于：**促进教学、解决冲突。

## 75. 善用"有人说……"

有人和你说过对你产生了影响的警句吗？在我成长的过程中，我的父母经常告诉我一些别人说的对我也有借鉴意义的事情："玛丽昨天告诉我，她的女儿很喜欢上五年级，而且学习很努力。"言下之意是，我也应该享受上五年级的时光，也要努力学习。最近，我在考虑几天休假。一位朋友说，"让我给你朗读一封我母亲的来信：'亲爱的简，我知道你觉得自己对他人而言是不可或缺的。但我想告诉你的是，如果你不做这份工作了，其他人也可以接替你，做得一样好！'"直指我要离开工作岗位去休假这件事！

当你不想直接对学生说什么的时候，你可以谈谈"有人说……"，你父母说的、校长说的、电视上说的等。学生不会拒绝，因为这只是借你之口说出的，而不是你自己的建议。这只是有人告诉你的事情。

- "我的一位朋友告诉我，他的学习经历给他带来了许多新的见解和理解，为他的生活带来了更多的可能性。"
- "我去年的一个学生说，他在这门课上的一年的学习经历让他的生活发生了深刻的变化，让他知道他可以真正学到任何他想学的东西。他还说，通过应用他的新知识，他的生活以许多不同而令人兴奋的方式发生了变化。"
- "据去年的老师说，你们是一群令人欣慰的学生，有着巨大的潜力。"

你也可以引用研究报告和专家的话来阐明你想要表达的观点。我和迈克尔·格林德在我的学区一起参加了一个为期三年的培训项目。他负责培训“绿色椅子教练”，指导学校的教师进行课堂管理。他建议教练们说，“迈克尔说……”，而不是让教练告诉老师该怎么做，这样才能把责任归咎于迈克尔身上。教练们没有告诉老师该怎么做，他们只是在说迈克尔说过的话。

- “根据（作者）的观点，设定未来目标的学生比只关注今天的学生更成功。”
- “（作者）发现，当学生将生活看作一个持续不断的过程，并且想象自己未来1年、5年、10年、20年、50年后的生活，他们比只关注今天的学生更快地实现梦想。”

**本技巧可以应用于：**建立关系、促进教学、规划未来、回应异议、鼓励学生、影响学生、解决冲突。

## 76. 对学生的行为做具体评价，而非一概而论

我们都会说，“没有人这样做”“每个人都在做”“你总是这样做”等。当然我们知道，事实上只是有些人会那样做，并不是世界上的每个人都那样做，有时你也不会这样做。

在教七年级的时候，我告诉一位同事，我某个班上的学生表现不好。她问：“具体是哪些学生？”我思考后意识到，只有两个学生需要改变他们的行为。

我们可以帮助其他人澄清他们在说什么，并且意识到“每个人”可能只是一个人。如果你的一个同事说：“学生失控了。”你可以问：“具体是哪些学生？”如果你的学生说：“没有人喜欢我。”你可以回

答：“没有人？一个都没有吗？谁可能是喜欢你的人？”

科斯特和格姆斯顿（2007年）认为，我们可以通过追根究底的提问来帮助学生更加准确地思考。以下是学生的评价及你可以给予的回复：

- “没人喜欢我。”
  - “你一个朋友也没有吗？”
- “每个人对我都很刻薄。”
  - “每个人？一个对你友好的人都没有吗？”
- “他总是这样。”
  - “总是？他这会儿不就没这样，不是吗？”

你也可以为学生做个榜样，不要让你的日常用语中出现这些概括。通过在说话时保持专注，你可以教会学生在说话时做到专注。以下是一些不能用的语句，以及可以用来替换它们的语句。

- “你总是这样。”
  - “昨天，在操场上发生的那件事，你也参与其中。”
- “你从不准时上课。”
  - “今天和上周五，你是在上课铃响三分钟后回来的。”

**本技巧可以应用于：**建立关系、促进教学、规划未来、回应异议、鼓励学生、影响学生、解决冲突。

## 77. “停下来……”

停下来想想，你会对许多学生的生活，以及他们现在和未来许多年接触的人的生活产生多大的影响。停下来反思一下你得到的，并且能传播给周围人的快乐。当我们听到“停下”这个词时我们会做什么？我们当然会停下来。我们可以引导学生停下来几分钟，思考一些新的内容。我们可以让他们停下来，并且听一听我们的话。

- “停一会儿，想想这个行为可能带来的后果。”
- “现在停下来听一下指令，这样你就能知道做什么了。”
- “停下来，关注一下你通过专注于课堂和思考而获得的许多新想法和见解。”
- “停下来，想象一下当你沿着通往更大潜能的道路前进时，已经为你敞开的众多机遇和可能性。”
- “停下来，了解一下你通过坚持上这门课学到的所有新知识。”

**本技巧可以应用于：**促进教学、回应异议、鼓励学生、影响学生、解决冲突。

## 78. 肯定学生的优势

当我在20世纪80年代为吉姆·费伊和福斯特·克林讲授“用爱与逻辑进行纪律教育”研讨课时，他们有一张幻灯片供辅导员使用，上面写着：“只有从优势出发，才能有所建树。” 多年来，我无数次引用过这句话。当学生感到自己的强大时，他们就能成功。的确，也许只有当学生感到自己的强大时，他们才能取得最大的成功。我们可以做些什么来帮助学生了解自己的优势，并且使其在此基础上再接再厉？拉德森-

比林斯研究（1994年）中的教师波林・杜普雷“一直在寻找识别和确认学生成就的方法”。此外，她承认并证实了学生在课堂上表现出的优势和他们在课堂外的优势的存在。根据拉德森–比林斯的观点：

> 杜普雷在课堂上对学生在课外的优异表现表达了认可，这能鼓励学生实现更全面的发展，同时也有助于家庭和学校之间建立更牢固的关系。一旦学生看到杜普雷对他们喜欢的事也非常感兴趣，他们就会在课堂上寻求类似的认可。

在我参加的一次研讨会的闭幕活动上，导师要求每位参与者在背上贴一张纸。然后，我们在对方的背上写下了肯定的评论、赞扬和认可他人长处的话。活动结束时，当我们从背上取下纸片时，许多人眼里含着泪水。我想参与者会终生保留这张纸片。在类似的活动中，教师可以邀请全班同学在一张纸上写下各自的长处。

拉德森–比林斯研究（1994年）中的教师佩吉・瓦伦丁要求学生提名其他学生获得“优秀奖”。学生得到了肯定，他们的优势得到了其他学生的认可，而不仅仅是老师。除了营造一种氛围和引导活动，让学生相互肯定对方的优势，肯定、认可和利用学生优势的可能方法还包括使用以下陈述：

- “哇！你真是个作家（或数学家、艺术家、科学家等）！”
- “你的数学作业总是100%完成。”
- “对你来说，优势是____________________________！”
- “你真的很擅长写作（或做数学题、画画、唱歌等）！”

**本技巧可以应用于：**建立关系、促进教学、规划未来、回应异议、鼓励学生、影响学生、解决冲突。

## 79. 知道并记住每个学生的名字

我们都喜欢听到自己的名字。通过使用学生的名字，我们向他们表达肯定和尊重："是的，梅琳达，你说得对。""汤姆，你在项目上很努力。""是的，玛丽亚，论文明天就要交了。"普鲁萨克及其同事（2005年）建议老师在上课时使用每个学生的名字。他们还强调了使用学生名字进行正面强化而不是负面反馈的重要性。

通常，学生有他们喜欢被叫的特殊名字。通过询问学生他们想被叫什么名字，你可以传达对他们的尊重，并且和他们建立积极的关系。新学期开始，学生名册上列出的名字不一定是学生想要的名字。

如果你带很多班级，那么了解和使用学生名字的需求就更大了。体育老师、音乐老师和美术老师看到学校里的每个学生时也需要像带班老师一样使用学生的名字。每天看到不同学生群体的高级教师也需要快速记住学生的名字。

你可以用哪些策略来掌握学生的名字？首先，你要相信知道学生的名字是很重要的，并且要重视学生本身。以下是一些可以提供帮助的策略：

- 引导学生和你一起了解彼此的名字。让学生围成一圈，让每人说出自己的名字和他们想让全班同学知道的一些事情。然后，让每个学生绕着圈说出房间里所有学生的名字。
- 当你遇到每个学生时，用手指在你的手上写下学生的名字并念出来，然后想象学生的名字以有趣的方式印在他的额头上（如果学生穿牛仔裤，用牛仔裤表示；如果学生穿红色，用红色表示；等等）。

- 制作一张座位表，列出学生的姓名和座位。开学时花时间记住学生的名字。

**本技巧可以应用于：**建立关系、促进教学、规划未来、回应异议、鼓励学生、影响学生、解决冲突。

## 80. 使用系统方法帮学生完成他们想要完成的事情

弗利克和霍夫曼（2006年）认为，教育工作者将从使用系统方法来检查学生在课堂上行为不端的各种可能原因中受益，并且制定相应的干预措施。同样，我们可以使用系统方法来帮助学生完成他们想要完成的事情。教师可以问自己以下问题：

- “学生这样做是否有更高远的目标，从而更快地朝着目标前进？”当学生为了更高远的目标攻读学位时，每个人都最好让路！我还发现，当学生似乎缺乏动力时，他们往往不会考虑“完成学位”这样的更高目标。通过提醒他们拥有的更高远的目标，我们可以帮助他们更快地实现目标。所有年龄段的学生都可以有更高远的学习目标。
- “这个学生和我有关系吗？”学生会为谁更努力地学习？是他们不喜欢的人，还是他们喜欢的人？
- “学生是否有能力完成他想完成的事情？”一方面，我们倾向于做我们觉得自己有能力做的事情；另一方面，我们倾向于推迟做我们认为自己没有能力做的事情。比如，不善于阅读的学生（或自认为阅读能力差的学生）倾向于做阅读以外的事情。

- “学生是否相信自己有能力完成想要完成的事情？”前进和成功的一个前提是拥有完成我们想做的事情的技能，另一个前提是相信我们拥有这些技能。要向学生指出他们具备相关技能的实例。一方面，如果我们告诉学生他们是好作家，但是他们不相信我们时，那么他们可能会写得更差，只是为了证明他们是糟糕的作家。另一方面，当我们能够指出学生具备这些技能的证据时，他们更有可能相信我们：“你昨天交的作业我只做了五处修改。”“上个月你每天都准时到校上课。”渐渐地，通过向学生展示他们具备相关技能的证据，我们将帮助他们相信自己的能力。
- “学生是否愿意努力学习并专注地去做项目？”为了完成项目，学生需要全身心投入。
- “学生可以检查项目并将其分解为可行的部分以完成它吗？”我们讨论了学生有权决定将任务分解成几个部分，在每个任务上花费的时间，以及完成任务的顺序的重要性。
- “我如何帮助学生将他取得成功的领域与他想学习的其他领域联系起来？”让学生谈谈他们擅长的事情，包括做这些事情的目标、使用的策略、策略无效后的备用策略，以及朝着目标努力后的结果。然后让学生假设他们正在将这些目标和策略用于他们想学习的领域。

**本技巧可以应用于：**建立关系、促进教学、规划未来、回应异议、鼓励学生、影响学生、解决冲突。

## 81. 使用肯定性的反问句

你听过别人说话时附加一个反问句吗？“你难道不同意吗？”“他们没有吗？”“不是吗？”这些被称为肯定性的反问句（安德莉亚，1992年）。我们通常会说“是的”，无论我们之前是否同意这一说法。

你可以在肯定性的陈述句末尾添加反问句以强调你的观点，让学生认同。当他们说“是的”时，他们更愿意接受你刚才说的话，他们也更加坚信。当然，你需要说一些他们能同意的话。

- “你真的一直在努力学习，不是吗？”
- “你真的理解了这些内容，不是吗？”
- “我们今天过得很愉快，不是吗？”
- “这曾经是个问题，不是吗？”
- “你真的很想学这个，是吗？”

**本技巧可以应用于：**建立关系、促进教学、规划未来、回应异议、鼓励学生、影响学生、解决冲突。

## 82. “那个”与“这个”

当有人说“我想要这个”时，你有什么感觉？“这个”在你的视野中位于哪里？当有人说“我想要那个”时，你有什么感觉？“那个”在你的视野中位于哪里？大多数人听到“这个”一词时，会觉得离他们更近；听到“那个”一词后，会觉得距离他们更远。

你可以用“那个”将某事与对方的距离推远，用“这个”将某事与对方的距离拉近。这都取决于你谈话的目的。你在什么情况下想要推远某人与某事的距离？如果某人消极地看待某问题，你可以将该问题推远。如果某人积极地看待某问题，你可以将该问题拉近。

另外，你可以用过去时态使问题离得更远。站在空中，你可以想象以下两种说法在空间上的位置差异："这怎么会是个问题？"与"这怎么可能是个问题呢？"你可以说，"那怎么能是个问题呢？"把它放在更远的过去。

当你想在事件和人之间增加距离感时，你可以说：

- "你怎么会这样认为？"
- "这个想法是什么时候进入你的脑海的？"
- "你对此有什么想法和看法？"

当你想把一些东西拉得离这个人更近时，你可以说：

- "通过这样做，你会得到什么好处？"
- "学习这些知识如何帮助你实现你为自己设定的众多目标？"
- "从花时间学习这些信息所获得的益处来看，你注意到了什么？"

**本技巧可以应用于：**建立关系、促进教学、回应异议、鼓励学生、影响学生、解决冲突。

## 83. 多使用"你越……，你就越……"句式

作为一名教师，你越是刻意关注培养学生，你获得的快乐和满足感就越多。你对与学生一起工作的感觉越好，你就越有动力对他们的生活

产生更大的影响。

将两个短语联系在一起可以帮助学生相信一个事件的因会引发另一个事件的：“你越……，你就越……”以下是一些例子：

- “你学习得越多，你在考试中取得好成绩的机会就越大。”
- “你上课的次数越多，你通过课程的机会就越大。”
- “你在课堂上参加的小组活动越多，你就越能与同学们建立持久的关系。”
- “你读的关于这个话题的书越多，你就越能把自己定位为这个领域的真正的专家。”
- “你越能将反馈内化到作文中，你就越能成长为一名作家。”
- “你越是带着对学习一切可能的东西的兴奋来上课，你就能学到越多。”

**本技巧可以应用于：**促进教学、规划未来、鼓励学生、解决冲突。

## 84. 给出消极反馈用“作业”，给出积极反馈用“你的作业”

当你听到“作业完成了”时，你会觉得作业在你心中的哪个位置？当你听到“你的作业完成了”，你会觉得作业在你心中的哪个位置？在比较敏感的对话中，最好不要使用“你的”这类指向性明确的词。当你和学生谈论作业并给出学生觉得是消极的反馈时，最好用“作业”代替“你的作业”。当你说“作业”时，学生会觉得自己与作业的距离很远。但当你说“你的作业”，学生会将你对作业的反馈解读为是对他的评价。

当你给出积极反馈时，你可以自由地说，“你的作业”或“你在作业上的努力”或“你所做的工作”。你想要学生因为你的积极反馈而感觉良好。思考一下“作业”与“你的作业”的正确使用方法：

- “作业可以有哪些改进？”
- “这是作业的反馈。”
- “可以如何改善作业？”
- “我相信你一定很满意你的作业。”
- “看起来你很认真地做作业。”
- “你的作业进度似乎很顺利！”

**本技巧可以应用于：**促进教学、鼓励学生、解决冲突。

## 85. 让学生回想自己状态良好的时刻

我们可以有意识地决定我们希望学生体验哪些学习状态。你想让他们充满好奇心，还是充满热情？你想让他们渴望发现一切可以发现的东西，感到宁静、祥和、探索、快乐、有信心、喜欢尝试吗？

在确定那种学习状态对学生有利后，你可以做出示范，这样一来学生可以模仿你（霍尔，2004年）。想想当你慷慨激昂地教学的时候，这种状态对你的学生有什么影响？也想想当你对教学毫无激情的时候，那种状态会对学生有什么影响？我们每天都在无意识地示范，向学生展示着自己的各种状态。当然，我们也可以有意为之。

让你的学生回想一下生活中的某些让他们感觉良好，状态不错的时刻，以帮助他们在此刻也能体验这种状态。学生在课堂上可以处于哪些有益的状态呢？你可能希望他们充满好奇心、乐于学习新事物、对所学内容感到兴奋、愿意深入研究知识并发现新事物、愿意发挥创造力、愿意冒险等。当然，你的语调需要与状态相匹配。

- “想想你激情澎湃的时候。你异常兴奋，迫不及待地想要开始！”
- “回想一下，你曾经发现新事物时的感觉。你想要一直探索，直到得出自己想要找到的答案。”
- “想想你感到自己富有创造力的时候。你争分夺秒、头脑风暴、文思泉涌，你撰写的速度根本跟不上你的想法。”

为了帮助你的学生进入这种良好的状态，你可以给他们讲故事，讲讲你特别好奇、想要学习、激情澎湃、兴味盎然的故事。通过引导他们思考自己的生活，分享自己的故事，你可以确保学生处于积极状态，并且做好学习准备。你想和学生分享哪些与各种状态相关的故事？

**本技巧可以应用于：**促进教学、规划未来。

## 86. 让学生分享他们的想法

学生常常陷入他们做错决定导致的不良境地。与其给他们建议，惩罚他们，或者告诉他们应该要做什么，不如尝试用让他们分享想法来控制局面。你可以问学生以下问题：

- “你对解决这个问题有什么想法？”

- “你对未来的可能性有什么看法？”
- “当你一直在思考你正在取得的进步时，你认为你朝着目标进步如此快的原因是什么？”
- “你能分享一下你在学习过程中使用的策略吗？”

**本技巧可以应用于：**促进教学、规划未来、回应异议、鼓励学生、影响学生、解决冲突。

## 87. 帮学生形成积极的自我认同

我们可以通过告诉学生他们的积极方面来预设他们的积极形象。如果有人走向你，说“你是那种真正关心学生的老师”，你会有什么感觉？当我们做出以下表述时，我们正在帮助学生形成积极的自我认同：

- “你是那种不畏惧任何挑战，努力完成作业的学生。”
- “你是那种热衷于追求目标、实现自己人生使命的人。”
- “你是那种非常关心社会问题的人。”
- “你是那种有很多朋友的人。”
- “你是那种按时、保质、保量完成作业的学生。”

**本技巧可以应用于：**建立关系、促进教学、规划未来、回应异议、鼓励学生、影响学生、解决冲突。

## 88. 用成功的经验激发学生对新事物的信心

人们通常会经历类似的事情。大多数人都会记得第一次学习字母表中的字母和颜色是什么感觉。大多数人都会记得不喜欢某种食物或坐下来吃他们最喜欢的食物是什么感觉。大多数人都记得学习新东西是什么感觉。

根据霍尔（2004年）的观点，我们可以引导学生记住这些经历，以帮助他们开始感受某种特定的情绪。我们可以启发他们记住的情绪状态包括期待、快乐、激情、尝试、好奇、探寻、发现等。我们希望引发他们的信心状态，并且帮助他们记住过去和现在相似的状况。我们想帮助他们意识到，即使他们在过去的一次经历开始时不太熟练，只要不断尝试，他们也能做得很好，学到很多东西。在现在这种情况下他们同样会做得很好，学到很多东西。

我们可以与学生谈论的经历包括学习写作、首次入学、想买东西、喜欢某些类型的食物、意识到过去的信念不正确，或者学习做某事等。你可能会说：

- “你们都会记得第一次学习字母表的感觉。刚开始你可能有点儿胆小，意识不到自己能学会。也许你会努力学习，也许你会不断练习，当然，最后你学会了！此外，你完全不知道这26个字母会给你打开一个怎样的新世界，你也不可能知道这26个字母会给你带来多少机会和知识！学习某种新知识或新技能就像你学习字母表中的字母。”

另一个例子：

- “也许你还记得上学的第一天。一开始你可能有点儿犹豫是否要离开熟悉的环境，但你确实离开了，而且随着时间的推移，你的信心也在增长，不是吗？你遇到了新朋友，建立了许多持久的友谊，学到了比你想象中更多的东西。学习这门课的过程也是这样。”

对于年龄较大的学生，你可能会说：

- “你们都记得学习驾照时的感觉吗？起初，也许你有点儿胆小，不确定结果会如何。你慢慢地踩下离合器，不确定会发生什么。在换挡的同时记得踩下离合器，这需要思考一下才能行动，但你学会了如何操作，不是吗？虽然你一开始不太熟练，但很快你就可以轻松自信地驾驶汽车了，不敢相信你曾想过是否能不假思索地做到。学习这些技能也是这样。”

当我们听到类似上述论述时，会有什么感觉？当我们讲故事时，重要的是要展示我们希望学生拥有的状态（充满好奇心、自信、兴奋、期待、激情、快乐等）。

**本技巧可以应用于：**促进教学、解决冲突。

## 89. 用“我们”代替“我”和“你”

我们使用的代词会对学生和同事产生重大的影响。以下这些话对你的思维有什么影响？

- “去年我教他，今年你教他……祝你好运！”
- “我要去做某事/某项工作。你打算做什么？”
- “我真的很喜欢这个。你喜欢什么？”

以下对话中使用“我们”和“我们的”，对你的思维有什么影响？

- “我们怎么样才能帮助萨拉取得成功？”

- “为了帮助所有学生在即将到来的考试中取得好成绩，我们可以使用哪些可能的策略？”
- “我们如何共同努力，使这成为一个出色的校园项目？”

除在学校里对同事使用“我们”外，当我们在教室里与学生交谈时，也可以使用“我们”。通过让我们和学生一起参与，可以创造一种团结的感觉。

- “这对我们来说真的很有趣。”
- “我们正在合作。”
- “我们真的很享受通过共同努力完成对我们所有人来说都很有趣的事情！”

**本技巧可以应用于：**建立关系、促进教学、鼓励学生、影响学生、解决冲突。

## 90. 等待时间长一点

罗伊（1986年）强调了老师使用等待时间的重要性。她发现，老师在提问和叫学生回答之间的平均等待时间不到一秒钟（等待时间1）。她也发现，在学生讲完后，老师问下一个问题之前的等待时间不到一秒钟（等待时间2）。此外，她还发现，如果老师在叫学生回答问题和问下一个问题之前等待了 2.7 秒，甚至更长的时间：

1. 根据研究结果，学生的回答时间延长了 300%~ 700%，某些情况下还会更长。

2. 更多的推论得到证据和逻辑论证的支持。

3. 推测性思维发生次数得到提升。

4. 学生问问题的数量增加了，他们提出的实践次数也增加了。

5. 学生间的交流增加了，老师主导的“展示和讲解”行为减少了。

6. 响应失败减少了。

7. 纪律处分减少了。

8. 学生自觉参与讨论的数量增加了，学生主动且恰到好处的贡献数量也增加了。

9. 学生的自信心增加了，这反映在一些有语调变化的回应中。

10. 对于认知复杂的项目，书面考试的成绩会有所提高。

罗伊还发现，等待时间的延长对教师产生了重大的影响：

1.教师的回答表现出更大的灵活性。这表现在话语错误的发生率更低，思想发展的连续性更强。

2.教师提问的数量和类型发生了变化。

3.对某些学生表现的期望似乎有所提高。

当我在幼儿园任教时，我读到一篇文章，作者在文章中说，等待时间过短实际上是在暗示学生不需要思考。因此，在问完每个问题后，我会闭上眼睛数数——1，2，3，4，5。当我睁开眼睛时，班上的大多数学生都会举手，他们都渴望回答这个问题。

**本技巧可以应用于：**建立关系、促进教学、规划未来、回应异议、鼓励学生、影响学生、解决冲突。

## 91. “……是……”

教学的真正美妙之处在于，我们每天都有无数机会影响他人的生活，这将在未来许多年产生令人难以置信的影响。通过使用“……是……”这个短语，我们可以暗示一个普遍真理。示例如下：

- “和你一起工作的美妙之处是，你的工作做得又快又好。”
- “我们这堂课最棒的地方是，我们能切实谈论提出的问题。”
- “我们这堂课有趣之处是，每个人都享受彼此的陪伴。”
- “真正令人高兴的是，班上的每个人都努力学习，并且积极参与小组讨论。”
- “你工作方式的好处是，你真的全神贯注地在为考试复习。”

**本技巧可以应用于：**建立关系、促进教学、鼓励学生、影响学生。

## 92. 什么、为什么和如何

有多少次我们被要求在课堂上做一些事情，却不知道为什么被要求做这些事情？我很想知道为什么在二年级时，我拿着两张卡片说：“B发音B，B，B。C发音C，C，C。”我无聊得要命！如果我知道每天重复这些动作的原因，我可能更加专注于这个事情。威尔曼和利普顿（2004年）建议，教师和演讲者遵循“什么、为什么和如何”的顺序。首先，说出你要他们做什么或他们正在做什么。然后，告诉他们为什么要做。最后，告诉他们应如何做。

- “我们正在学习这些规则，这样你就能在阅读中快速并轻松地找出新单词。下面讲我们将如何做到这一点。”

- “通过对这些基本数学概念的测试，你正在学习快速思考，以及内化你将在一生中持续使用的概念。下面讲我们将如何做到这一点。”
- “当你做饭时，这个化学原理会派上用场。下面讲我们将如何通过实验来展示它。”

**本技巧可以应用于：**促进教学、解决冲突。

## 93. “当……的时候”

如果我说，“当你读这本书的时候”，我的假设是什么？我会假设你正在读这本书，同时发生了其他事情。我们可以用“当……的时候”这个短语来预先假设学生正在做我们要求的事情。以下是一些示例：

- “当你继续做作业的时候，你可能会注意到你朝着目标前进的力量有多大。”
- “当你学习的时候，请将成功的喜悦抛诸脑后。”
- “当你们在背课文的时候，我会分发作业。”
- “当你读书的时候，我也会在书桌前看书。”
- “当我们进入下一节课的时候，我们将继续思考刚才提出的谜题的可能解决方案。”

**本技巧可以应用于：**促进教学、规划未来、鼓励学生、影响学生、解决冲突。

## 94. “今天会是……”

我们可以通过询问“今天会是……”来引导学生说出对今天的期待和渴望。这个技巧可以帮助学生设定期望。向学生提问会激活他们的思维过程，引导他们说出问题的答案。

- “今天会是你完全理解这个概念的日子吗？”
- “今天会是你为了按时完成作业决定及早做作业的日子吗？”
- “今天会是你努力激发自己的能力来实现目标的日子吗？”
- “今天会是你发现未知的知识能改变你的思维方式的日子吗？”

**本技巧可以应用于：**促进教学、规划未来、回应异议、鼓励学生、影响学生、解决冲突。

## 95. “我想知道……”

我们可以通过“我想知道……”这种温和的提问方式来探寻问题的答案。施伦普夫及其同事（1997年）建议，同伴调解员使用“我想知道……”这一短语来提问。

- “我想知道接下来会发生什么。”
- “我想知道你刚才发表的声明背后的想法。”
- “我想知道某些可能的解决方案是什么。”

**本技巧可以应用于：**促进教学、规划未来、回应异议、鼓励学生、影响学生、解决冲突。

## 96. 改变想法的词语

查维特（1997年）的《改变想法的词语》一书研究了人们处事的不同方式，称之为元程序。例如，有些人喜欢朝着结果和目标前进，有些人喜欢远离消极的事情，而另一些人二者兼而有之。这些偏好不存在对错，它们只是人们原本的样子、看待事物的方式，以及在这世界上的行为方式。

查维特研究的另一个元程序是相同与差异。有些人喜欢相同的东西，而另一些人则喜欢不同的东西。当喜欢“相同”的人看到新的东西时，他们喜欢将其与他们已经知道的东西进行比较，并且寻找新的东西与他们过去看到的旧的东西相同的地方。另一方面，喜欢“差异”的人则喜欢根据新的东西与他们过去看到的不同的东西来审视新的东西。

20世纪90年代初，当学校里“标准化课程”运动如火如荼。我的一位从事行政管理的同事每天都非常沮丧地回到办公室。她哀叹道：“我和老师说完标准。然后他们说，‘哦，这个和我一直做的是一样的。’我尽力向他们展示差异，但他们还是坚称是相同的。我们最终停止了关于相同还是不同的争论。我多么希望这一切都没有发生！”

我的一位朋友和这些老师共事，他从这个简短的故事中可以推测，大多数老师都在寻找新想法与他们已经知道的想法相同的方法。他们不想知道新旧教学方法的差异。查维特列出了人们看待世界的很多方法，并且提供了语言使用技巧来与他们建立融洽的关系，然后以积极的方式影响他们。

**本技巧可以应用于：**建立关系、促进教学、规划未来、回应异议、鼓励学生、影响学生、解决冲突。

## 97. “是的”

有人问过你唯一答案是“是的”的问题吗？销售人员很会利用这一点。他们会问我们很多答案只能是“是的”的问题。然后，当我们回答“是的”之后，他们就会引导我们购买他们销售的产品。

我们可以问学生答案明显为“是的”的问题，以帮助他们养成同意我们的习惯（霍尔，2004年）。为了对这些问题回答“是的”，他们必须同意我们所说的话。

“你是否已经注意到，当你学习到能在众多不同环境中应用的宝贵技能时，你有多开心？”

“你现在认识到在学习技能的过程中已经为你打开的所有可能性了吗？这些技能在各个领域对你都很有价值。”

“你想知道你现在学得怎么样了吗？”

“你有没有注意到，你正在以一种奇妙而有价值的方式制造影响世界的所有应用程序？”

**本技巧可以应用于：**建立关系、促进教学、回应异议、影响学生、解决冲突。

## 98.“还不”“直到现在”“但不会太久”

像“还不”“直到现在”“但不会太久”这类词语虽简单但是作用巨大。如果一位学生说，“我不能做……”，你可以用包含“还不”“直到现在”，或者“但不会太久”的句子来回答（霍尔，2006年）。

我最近在飞机上度过了一段美好的时光。坐在我旁边的那位女士正在玩数独游戏。我见过人们做智力题，但我从来没有花时间学习怎样做。她非常专注于自己正在做的事情。当她停下来时，我问她是否可以向我解释一下这个过程。她从书中撕下一页，眼中闪烁着光芒，说：“第一页是免费的！”

当她温柔地领着我，问问题而不是告诉我该怎么做时，我想，“她一定是个老师！”她让我决定那些数字应该放在哪些格子里。有时她会说，“我们还不知道。”不知怎么的，她说“还不”这个词的方式让人放心。她的声音轻快，有点儿开玩笑的意味。通过这个简单的词语，她似乎在说一切都很好，就是这样——尽管我们还不知道，但我们最终会知道该在格子里填哪个数字。

我最近参加了一个学习小组。我旁边的女士不知道某个问题的答案，于是她窘迫地说了很多次：“我真笨！真的很笨！”基本上，她是在说她是一个愚笨的人。我想了很多能鼓励她的话，帮助她换种方式看待这种情况。我说：“所以……还不知道就意味着愚笨吗？”她停了下来，茫然地看着我，然后微笑着说：“我想不是的！”

我和一个家里的孩子上五年级的朋友聊天。她说最近她儿子说：“妈妈，我就是学不会这个。”她立刻回答说：“你只是还不会！”他停了下来，会心一笑，迅速而轻松地完成了他以前认为自己做不到的事情。以下是对学生使用这些“简单词语”的例子：

- “我无法完成作业。”
  - “你到现在还不能完成作业。”
- “我想不出来。”
  - “你想不出来，但不会太久。”
- “我很困惑。”
  - “你直到现在都很困惑。”

在我们帮助学生意识到他们很快就能做到之后，我们可以问以下问题：

- “在实现这一目标的过程中，接下来你可能会采取哪些步骤？”
- “为了完成项目，你可以利用哪些资源？”

**本技巧可以应用于：**促进教学、规划未来、回应异议、鼓励学生、影响学生、解决冲突。

## 99. “你先我后”

在要求学生做我们想让他们做的事情之前，我们可以先让他们做自己想做的事情。我们可以承认，除我们想让学生做的事情外，学生还有他们想做的事情。通过将两者联系起来，我们可以暗示，在做了他们想做的事情之后，他们会自动做我们想让他们做的事。

- “在我们开始学习新单元之前，请在休息时间里好好放松。”
- “在我们为拼写测试复习之前，请享用午餐。”

- “在打开课本到第59页之前，请和你的朋友聊两分钟。”
- “在公共汽车到达学校，你准备学习之前，请享受与朋友交谈的乐趣。”
- “上课前，请花点儿时间和家人好好相处。”

**本技巧可以应用于：**促进教学、影响学生。

## 100. 蔡加尼克效应

蔡加尼克发现，当学习者有未完成的任务时，他们倾向于记住这些任务，并且有动力继续思考这些任务（正如沃洛德科夫斯基1986年所引用的）。因为我们想完成事情，所以我们对未完成的项目有更多的紧张感。这也许是我们经常在晚上醒来思考自己需要完成的任务的原因。

我们可以利用蔡加尼克效应来创造一种情境，让学生继续思考我们一直在讨论的内容。我们可以问一个问题，让他们保持思考。我们也可以留下一个未完成的课程问题，并且说我们下次继续讨论。考虑以下语言技巧的作用：

- “我们明天将继续讨论这个话题。从现在开始，请考虑如何将这些想法应用于你的个人生活和职业发展。”
- “当你们离开时，请考虑一下我们讨论的内容背后的可能原因。我期待在下一节课上听到你们的想法。”
- “请思考一下你们所学内容可能应用的领域，然后在下一节课上告诉我。”

**本技巧可以应用于：**促进教学、规划未来、解决冲突。

06

# 附录A

表格A-1 与学生有效交谈的100个技巧

| | 建立关系 | 促进教学 | 规划未来 | 回应异议 | 鼓励学生 | 影响学生 | 解决冲突 |
|---|---|---|---|---|---|---|---|
| 1. 接纳学生当前的状态 | √ | √ | √ | √ | √ | | √ |
| 2. 形容词 | √ | √ | √ | √ | √ | √ | √ |
| 3. 想象某件事情成功之后 | | √ | √ | √ | √ | √ | √ |
| 4. 用“同时”或“并且”，不要用“但是” | √ | √ | √ | √ | √ | √ | √ |
| 5. “当……” | | √ | √ | √ | √ | √ | √ |
| 6. “在……的时候” | | | √ | √ | √ | √ | √ |
| 7. “因为”和“自从” | | √ | √ | √ | √ | √ | √ |
| 8. 成为自己的偶像 | | √ | √ | √ | √ | √ | √ |
| 9. “周五之前”而不是“到周五” | | √ | √ | | | √ | √ |
| 10. “通过做……” | | √ | √ | √ | √ | √ | √ |
| 11. 你能做到 | √ | √ | √ | √ | √ | √ | √ |
| 12. 提供选择 | √ | √ | √ | √ | √ | √ | √ |
| 13. 选择…… | | | √ | √ | √ | | |
| 14. 有意识地注意 | | | | √ | √ | √ | √ |
| 15. 情境 | | √ | | √ | √ | √ | √ |
| 16. 继续 | | √ | √ | | √ | | √ |
| 17. 反例 | | | | √ | √ | √ | √ |
| 18. “为自己创造……” | | √ | √ | | √ | √ | √ |
| 19. 好奇心 | | √ | √ | √ | √ | √ | √ |
| 20. 名词变动词 | | √ | √ | √ | √ | √ | √ |
| 21. 去做，而不是试一试 | | √ | √ | √ | √ | √ | √ |

续表

| | 建立关系 | 促进教学 | 规划未来 | 回应异议 | 鼓励学生 | 影响学生 | 解决冲突 |
|---|---|---|---|---|---|---|---|
| 22. “不要……除非你真的想……” | | √ | √ | √ | √ | √ | √ |
| 23. 减少使用“我” | | √ | √ | √ | √ | √ | √ |
| 24. 嵌入建议 | | √ | | √ | √ | √ | √ |
| 25. “更好” | √ | √ | √ | √ | √ | √ | √ |
| 26. 反馈 | | √ | | | √ | √ | |
| 27. 让学生觉得自己很聪明 | | √ | | | √ | | |
| 28. “翻转”陈述 | | | | √ | | √ | √ |
| 29. 畅想未来 | | √ | √ | √ | √ | √ | √ |
| 30. 绿色大象 | | √ | √ | | √ | √ | √ |
| 31. 高期待 | √ | √ | √ | √ | √ | √ | √ |
| 32. “怎样……” | | √ | √ | √ | √ | √ | √ |
| 33. “我道歉”与“对不起” | √ | √ | √ | | √ | √ | |
| 34. “我将会……” | √ | √ | √ | | | √ | √ |
| 35. 帮学生构建积极的身份 | √ | √ | √ | √ | √ | √ | √ |
| 36. 划重点 | | √ | | | | | |
| 37. 着眼于未来 | | √ | √ | √ | √ | √ | √ |
| 38. 使用表示“正在进行”状态的动词 | | √ | √ | √ | √ | √ | √ |
| 39. 询问而非盘问 | √ | √ | | √ | | | √ |
| 40. 指导 | | √ | | | | | |
| 41. 多用“是……”这样的句式 | √ | √ | | √ | √ | | |
| 42. 多用“这真的是……”这样的句式 | | | | √ | √ | √ | √ |

续表

| | 建立关系 | 促进教学 | 规划未来 | 回应异议 | 鼓励学生 | 影响学生 | 解决冲突 |
|---|---|---|---|---|---|---|---|
| 43. 多说“你最清楚……” | √ | √ | √ | √ | √ | √ | √ |
| 44. 在课堂上制造欢笑 | √ | √ | √ | √ | √ | √ | √ |
| 45. 将学习与学生的生活联系起来 | √ | √ | | | | | |
| 46. 让学生设想他们的行为导致的长期后果 | | | √ | √ | √ | √ | √ |
| 47. 礼貌用语 | √ | √ | | | | √ | √ |
| 48. 假设他们能靠自己做到 | | | | √ | | √ | √ |
| 49. 为糟糕的情况赋予新的意义 | | | | √ | √ | √ | √ |
| 50. 用隐喻描述学生面临的情况 | √ | √ | √ | √ | √ | √ | √ |
| 51. 认知世界的模型 | | | | √ | | √ | √ |
| 52. 有意为事物重新命名 | | √ | | | | √ | |
| 53. 学习小组 | √ | √ | √ | √ | √ | √ | √ |
| 54. 告诉学生下一步的学习计划 | | √ | √ | | √ | √ | √ |
| 55. 以“我不会告诉你”开头 | | √ | | √ | | √ | √ |
| 56. 注意到学生做得好的地方 | √ | √ | | √ | √ | √ | |
| 57. 用一句简单的话帮学生重新思考 | | | | √ | √ | | |
| 58. 让学生明白自己对成功的感受最重要 | √ | √ | | | √ | | |
| 59. 准确、有效地转述学生说的话 | √ | √ | √ | √ | √ | √ | √ |
| 60. 用过去时态陈述学生的问题 | | √ | | √ | √ | √ | √ |
| 61. 请学生分享自己是如何得出“感知”结论的 | | | | √ | | √ | √ |

续表

| | 建立关系 | 促进教学 | 规划未来 | 回应异议 | 鼓励学生 | 影响学生 | 解决冲突 |
|---|---|---|---|---|---|---|---|
| 62. 将大任务分解成多个小任务 | | √ | √ | | √ | | √ |
| 63. 指出学生的进步之处 | | √ | | √ | √ | √ | |
| 64. 让学生站在不同的角度看问题 | | √ | √ | √ | √ | | √ |
| 65. 用积极的词语与学生交流 | √ | √ | √ | √ | √ | √ | √ |
| 66. 假设学生可以做到…… | | √ | √ | √ | √ | √ | √ |
| 67. 用吸引学生提问的方式提问 | √ | √ | | | | | √ |
| 68. 启发性问题 | √ | √ | √ | √ | √ | √ | √ |
| 69. 用“改善”代替“改进” | √ | √ | | | √ | | |
| 70. 重构学生的质疑 | | √ | √ | √ | √ | √ | √ |
| 71. 帮学生识别他们可以获取的资源 | | √ | √ | √ | √ | √ | √ |
| 72. 让学生复习、复习、再复习 | | √ | | | | | √ |
| 73. “多说一点” | | √ | √ | √ | | | √ |
| 74. 帮助学生自我评估 | | √ | | | | | √ |
| 75. 善用“有人说……” | √ | √ | √ | √ | √ | √ | √ |
| 76. 对学生的行为做具体评价，而非一概而论 | √ | √ | √ | √ | √ | √ | √ |
| 77. “停下来……” | | √ | | √ | √ | √ | √ |
| 78. 肯定学生的优势 | √ | √ | √ | √ | √ | √ | √ |
| 79. 知道并记个每个学生的名字 | √ | √ | √ | √ | √ | √ | √ |
| 80. 使用系统方法帮学生完成他们想要完成的事情 | √ | √ | √ | √ | √ | √ | √ |
| 81. 使用肯定性的反问句 | √ | √ | √ | √ | √ | √ | √ |

续表

| | 建立关系 | 促进教学 | 规划未来 | 回应异议 | 鼓励学生 | 影响学生 | 解决冲突 |
|---|---|---|---|---|---|---|---|
| 82.“那个”与“这个” | √ | √ | | √ | √ | √ | √ |
| 83. 多使用“你越……你就越……”句式 | | √ | √ | | √ | | √ |
| 84. 给出消极反馈用“作业”，给出积极反馈用“你的作业” | | √ | | | √ | | √ |
| 85. 让学生回想自己状态良好的时刻 | | √ | √ | | | | |
| 86. 让学生分享他们的想法 | | √ | √ | √ | √ | √ | √ |
| 87. 帮学生形成积极的自我认同 | √ | √ | √ | √ | √ | √ | √ |
| 88. 用成功的经验激发学生对新事物的信心 | | √ | | | | | √ |
| 89. 用“我们”代替“我”和“你” | √ | √ | | | √ | √ | √ |
| 90. 等待时间长一点 | √ | √ | √ | √ | √ | √ | √ |
| 91.“……是……” | √ | √ | | | √ | √ | |
| 92. 什么、为什么和如何 | | √ | | | | | √ |
| 93.“当……的时候” | | √ | √ | | √ | √ | √ |
| 94.“今天会是……” | | √ | √ | √ | √ | √ | √ |
| 95.“我想知道……” | | √ | √ | √ | √ | √ | √ |
| 96. 改变想法的词语 | √ | √ | √ | √ | √ | √ | √ |
| 97.“是的” | √ | √ | | √ | | √ | √ |
| 98.“还不”“直到现在”“但不会太久” | | √ | √ | √ | √ | √ | √ |
| 99.“你先我后” | | √ | | | | √ | |
| 100. 蔡加尼克效应 | | √ | √ | | | | √ |